Grundlagen der Medienkommunikation   Band 10

Herausgegeben von Erich Straßner

Erich Straßner

Journalistische Texte

Niemeyer

Die Deutsche Bibliothek – CIP-Einheitsaufnahme

Straßner, Erich:
Journalistische Texte / Erich Straßner. – Tübingen: Niemeyer, 2000
  (Grundlagen der Medienkommunikation ; 10)

ISBN 3-484-37110-2   ISSN 1434-0461

© Max Niemeyer Verlag GmbH, Tübingen 2000
Das Werk einschließlich aller seiner Teile ist urheberrechtlich geschützt. Jede Verwertung außerhalb der engen Grenzen des Urheberrechtsgesetzes ist ohne Zustimmung des Verlages unzulässig und strafbar. Das gilt insbesondere für Vervielfältigungen, Übersetzungen, Mikroverfilmungen und die Einspeicherung und Verarbeitung in elektronischen Systemen.
Printed in Germany.
Satz: Anne Schweinlin, Tübingen
Druck: Gulde Druck GmbH, Tübingen
Einband: Nädele Verlags- und Industriebuchbinderei, Nehren

Inhalt

1. Journalistische Medien ... 1
2. Textproduktionsprobleme ... 3
   - 2.1. Zeitung ... 4
   - 2.2. Zeitschrift ... 6
   - 2.3. Internet ... 7
   - 2.4. Hörfunk ... 8
   - 2.5. Fernsehen ... 9
3. Textrezeptionsprobleme ... 10
   - 3.1. Zeitung ... 17
   - 3.2. Zeitschrift ... 19
   - 3.3. Internet ... 20
   - 3.4. Hörfunk ... 20
   - 3.5. Fernsehen ... 22
4. Produktanalyse ... 24
   - 4.1. Abhandlung – Aufsatz ... 24
   - 4.2. Bericht ... 26
   - 4.3. Essay ... 45
   - 4.4. Feature ... 51
   - 4.5. Gespräch – Talk ... 58
   - 4.6. Glosse ... 67
   - 4.7. Interview ... 68
   - 4.8. Kommentar ... 71
   - 4.9. Kritik ... 73
   - 4.10. Meldung – Nachricht ... 74
   - 4.11. Moderation ... 78
   - 4.12. Porträt ... 81
   - 4.13. Reportage ... 84
   - 4.14. Story ... 95
5. Literaturverzeichnis ... 101

1. Journalistische Medien

Journalistische Medien sind ein Teil der Informations-, Kommentar-, Bildungs-, Erbauungs- und Unterhaltungsträger, die eine große Verbreitungs- und Vervielfältigungskapazität besitzen. Außer den Printmedien, deren Entstehung in das 15. Jahrhundert fällt, handelt es sich um Phänomene der neuesten Zeit, entstanden seit der 2. Hälfte des 19. Jahrhunderts in den sich industrialisierenden Gesellschaften der westlichen Welt (Europa, USA, später Japan). Da es ihre Aufgabe ist, Geschehnisse, Entscheidungen in Geschehnissen, Meinungen aus dem Nah- und Fernbereich, aber auch ästhetische, emotionelle oder belustigende Inhalte an ein sog. disperses Publikum zu vermitteln, müssen die Kapazitäten ausreichen, die räumlichen, zeitlichen und sozialen Distanzen zu überwinden. Verwendet werden deshalb komplex organisierte Techniken, Druck, Funk, Elektronik. Dafür sind hohe Investitionen an Kapital sowie ein hoher Grad an Arbeitsteilung erforderlich. Die Mittel der Speicherung können als Zeitung, Zeitschrift, Buch, von den Institutionen der öffentlichen Verbreitung, also von Presse- und Buchhandel, Bibliothek, Hörfunk, Fernsehen, Satellit, unterschieden werden. Eine andere Differenzierung wäre die nach einem Aktualitäts- und Universalitätsanspruch, der für Zeitungen, Zeitschriften, Hörfunk und Fernsehen gilt, während er für andere Massenmedien ausgeschlossen oder nicht unbedingt charakteristisch ist.

Mit der Datenkommunikation und der mit ihr einhergehenden Digitaltechnik sind auch bi- und multidirektionale Kommunikationsformen (Dialog, Disput, Interaktivität) technisch umsetzbar geworden und haben neue Kommunikationsdienste möglich gemacht. Das neue Medium ‚Internet' als technische Basis für eine Vielfalt von Kommunikations- und Informationsdiensten ist noch ausbaufähig.

Journalistische Medien sind Elemente des politischen Prozesses. Sie sollen in der modernen Gesellschaft die für kollektive Entscheidungen notwendige Informationsbasis garantieren und zur öffentlichen Meinungsbildung beitragen. Sie können die Voraussetzungen für das Entstehen kollektiver Bezugssysteme und Identifikationsmuster bilden, ohne die ein koordiniertes gesellschaftliches Handeln nicht möglich wäre. Dabei sind die Forderungen nach wesentlicher und vollständiger Information, nach verständlicher und wahrer Mitteilung zu erheben. Sie sind maßgeblich dafür, daß die Bürger sich eine Meinung bilden. Sie können dann gezielt die im demokratischen Staat notwendige Konsensbildung anstreben. Damit werden Integration und Normierung gefördert. Journalistische Medien können so einen Beitrag leisten zur Schaffung einer fokussierten öffentlichen Meinung. Sie übermitteln aber auch von Regierungen, Parlamenten, Gerichten etc. gefaßte Beschlüsse und Entscheidungen, erklären und kommentieren diese. Sie ermöglichen es den Bürgern, ihre Bedürfnisse zu artikulieren, die Vielfalt des Volkswillens gegenüber den Abgeordneten und Regierungen zum Ausdruck zu bringen, Zustimmung oder Unmut am Verhalten von Gremien und Behörden öffentlich zu verbreiten. Medien gewinnen ihre besondere Bedeutung in der Kritik und Kontrolle des gesellschaftlichen Lebens, wobei ihre Unabhängigkeit garantiert sein muß. Sie wird eingeschränkt und eingeengt durch die Abhängigkeit von Kapitalgebern, Aufsichtsgremien, Parteien, Regierungen.

Generelle Funktion der Medien in der Demokratie gemäß den Mediengesetzen ist es, hinzuwirken auf die Erziehung der Bürger zur Mündigkeit und Aufgeklärtheit, zu politischem Bewußtsein. Sie sollen die Chance geben, die Mitwirkung des einzelnen bei der Bestimmung seiner existenziellen Situation zu sichern. Neben der Information bieten die Medien den Massen die Möglichkeit, sich unterhalten zu lassen. Unterhaltung schafft das Gefühl sozialer Harmonie, bewirkt und spezifiziert aber auch Feindbilder und deren Aufrechterhaltung. Hier finden aufgestaute Aggressionen möglicherweise ein Ersatzobjekt. Die Mythenbildung, wie sie etwa im Starkult betrieben wird, behindert die Auseinandersetzung mit kulturellen und sozialen Widersprüchen. Außerdem dient die Unterhaltung der Abwehr oder Integration von (sub)kulturellen Erscheinungen. Unterhaltung dient schließlich der Schaffung einer Alternative zu anderen Betätigungen mit sozial unerwünschten Auswirkungen wie kollektive oder individuelle Gewalt, politische Organisation der Gegenkultur. Unterhaltung hat die Tendenz, in den Medien zu wuchern. Sie strebt nach immer neuen Motiven und Lebensbereichen. Sie enttabuisiert und dient im wesentlichen dazu, die immer größer werdende Freizeit des modernen Menschen auszufüllen.

Medien haben schließlich die Aufgabe zu bilden, ästhetische Werte zu übermitteln, Kunstgenuß zu bieten, Wissen zu vermitteln und damit belehrend zu wirken. Die Bildungsfunktion der Medien ist aber unterschiedlich verteilt: Während sie im Bereich Buch stark ausgeprägt ist, bei Zeitschriften nur im Bereich der Kultur und Politik, im Hörfunk noch zureichend, ist sie in den übrigen Medien stark in den Hintergrund gedrängt.

Die vielfältigen Aufgaben der Medien lassen sich nicht immer klar unterscheiden und gegeneinander abgrenzen. So wird Information, um sie für die Konsumenten attraktiver zu machen, oft als Unterhaltung angeboten. Unterhaltung wiederum kommentiert und gestaltet aktuelle und wichtige Fragen und Probleme. Werbebotschaften werden häufig in die redaktionellen Beiträge so integriert, daß sie kaum als solche erkannt werden oder den Informations- bzw. Unterhaltungsauftrag unterlaufen.

2. Textproduktionsprobleme

Journalistische Medien werden von Menschen gestaltet, die als soziale Individuen durch ihre komplexe Voraussetzungssituation bestimmt sind. Diese enthält spezifische Bedingungen, Bestimmungen und auch Beschränkungen, so etwa sozio-ökonomische (Rolle, Status, wirtschaftliche Lage), sozio-kulturelle und kognitiv-intellektuelle (Bildung, Erfahrung, Weltkenntnis, Kenntnisse über kommunikative Prozesse, Textkenntnisse), biographisch-psychische (persönliche Kompetenzen und Dispositionen, aktuelle biographische Situationen, Absichten usw.). Der Journalist, der an der Produktion von öffentlichen Aussagen beteiligt ist, schöpferisch gestaltend, auswählend oder kontrollierend, befindet sich jeweils beim Produzieren in einer bestimmten Kommunikationssituation, von der er sich ein Bild macht, ein weiteres in bezug auf seine Partner, indem er etwa ausgeht von Hypothesen über deren intellektuelle und soziale Kapazität. Voraussetzung für ihn beim Produzieren sind seine sog. kommunikative Kompetenz, d. h. der Schatz an Erfahrungen und Kenntnissen, die ihn befähigen, seine Produkte nach Regeln und Mustern, die er selbst erfüllt und bei anderen voraussetzt, zu gestalten. Ihm sind außerdem (meist) Kenntnisse und Festlegungen geläufig, wie innerhalb der Gesellschaft bestimmte Inhalte und damit verbundene Absichten einzukleiden sind in bestimmte Kommunikations- oder Texttypen (Aufforderung, Belehrung, Antwort etc.). Er besitzt außerdem Kenntnisse und Erfahrungen im Umgang mit dem Medium, in dem er tätig ist, muß die Möglichkeiten und Zwänge der Institution (Redaktion, Verlag, öffentlich-rechtliche Anstalt, Gesellschaftssystem etc.) und des Wirkungsbereichs (Publikum, Interessengruppen wie Parteien, Organisationsgruppen etc.) kennen und sich in ihnen bewähren und behaupten. Wichtig wird dabei vor allem auch das Bild, das der Journalist von sich selbst hat, die Selbsteinschätzung als Aufklärer, Meinungsführer, Entlarver, Erfüllungsgehilfe, Rädchen im Getriebe, letzter Bremser u. ä.

Öffentliche Aufgabe des Journalisten ist in der Demokratie, die permanente gesellschaftliche Diskussion, den vielstimmigen Dialog zu artikulieren und die öffentliche Debatte über alle Angelegenheiten des Staates, des Volkes und der Gesellschaft zu ermöglichen. Es stehen ihm aber nicht mehr Rechte zu als allen anderen Bürgern. Kritik und Kontrolle, wie sie in den Massenmedien geübt werden, sind kein Privileg für diejenigen, die aus Berufung oder Neigung den Beruf des Journalisten wählen. Kritik und Kontrolle sind in der Demokratie

Aufgabe des Souveräns, des Bürgers, der sich der Mithilfe, Unterstützung, Anregung durch Journalisten bedienen kann. Die Massenmedien dürfen keine ‚vierte Gewalt' im Staat sein, da ihre Organisatoren und Gestalter nicht Repräsentanten der Bürger sind. Es ist ziemlich sicher, daß Kommunikatoren ein überzogenes Selbstbild haben, daß sie sich viel zu wichtig nehmen. Sie, die selbstverständlich alle und jedes kritisieren, vertragen am wenigsten Kritik an ihrer Arbeit, vor allem auch an der Art ihrer Textgestaltung und ihrer Sprache. Eine zu hohe Selbsteinschätzung als engagierte Demokraten, als Erzieher zur Demokratie usw., kann zu Mißverständnissen über die journalistische Aufgabe führen, die viele Themen ignorieren würde, weil sie Volksmeinungen und manches Wollen des Volkes (Todesstrafe, Verachtung bestimmter Haltungen dem Leben und der Gesellschaft gegenüber, z. B. Gammlertum, Vorliebe für Trivialliteratur etc.) vertreten. Ein solches Verschweigen, Ignorieren, kritikloses Hinstellen ist politisch gefährlich, weil es den Unaufgeklärten undiskutiert bestätigen könnte. Jeder Bürger ist in den Prozeß der öffentlichen Diskussion einzubeziehen, auch der sog. kleine Mann, dessen Herkunfts-, Ausbildungs- und Reflexionspotential nicht dem des durchschnittlichen Kommunikators entspricht. Man hat das falsche Rollenverständnis vieler Journalisten als ‚publizistische Ideologie' herausgestellt, die sich vor allem in zwei Varianten ausdrücke: in der Einseitigkeit und in der Unverständlichkeit. Einseitigkeit meint, es werde nur vermittelt, was den Kommunikatoren ins Konzept paßt. Unverständlichkeit bedeutet Unfähigkeit zu vermitteln, bedeutet ein Überziehen der Sprache, ihre Verwendung als Bildungssprache, ein Rückzug in die Seriosität, in den Abstand vom Volk, von den Massen und der ihnen eigenen Denk- und Ausdrucksweisen.

2.1. Zeitung

Der größte Teil des Inhalts, der Zeitungen füllt, stammt von den Nachrichtenagenturen. Darüber hinaus liefern freie Mitarbeiter, Inlands- und Auslandskorrespondenten sowie die Öffentlichkeitsstellen aller amtlichen, institutionellen sowie lobbyistischen Einrichtungen Materialien zu. Schließlich lassen sich auch Redakteure Themen einfallen oder nehmen Termine wahr, bei denen ihnen Informationen zukommen.

Die Agenturen lassen recherchieren und übernehmen ihr Material vor allem von Pressestellen und anderen Agenturen, von ausländischen oder spezialisierten. Große Verlage bzw. Redaktionen können sich mehr Agenturen leisten als kleine, weshalb diese oft das Angewiesensein auf die begrenzte Quellenlage in Artikeln mit dem Hinweis auf eigene Korrespondenten etc. verbrämen. Die wichtigsten deutschsprachigen Agenturen sind die ‚Deutsche Presse-Agentur' (dpa), gegründet 1949, der ‚Deutsche Depeschendienst (ddp) von 1971, ‚Associates Press' (AP), ‚Reuters' (rtr) und ‚Agence France Presse' (AFP). Darüber hinaus gibt es Spezialagenturen für den Bereich Wirtschaft (Vereinigte Wirtschaftsdienste), Sport (sid), Dritte Welt (Inter Press Service) oder für die Anliegen der Kirchen (Evangelischer Pressedienst (epd); Katholische Nachrichtenagentur (KNA)).

Während die Neuigkeiten früher per Fernschreiber in die Redaktionen kamen, die Redakteure in den Manuskripten redigierten, erfolgt die Bearbeitung heute weitestgehend am Monitor. Das führt aus ökonomischen Gründen dazu, daß etwa doppelt soviele Texte direkt übernommen werden als vorher. Ähnlich ist es mit den Materialien, die über Pressedienste der genannten Institutionen, Verbände etc. in den Redaktionen, angefragt oder ungebeten, eintreffen. Auch hier zeigt sich, daß die von journalistisch ausgebildeten Öffentlichkeitsarbeitern gestalteten Texte eher unbearbeitet übernommen werden, als daß nochmals ein Redigieren durch den verantwortlichen Redakteur erfolgt. Auch das führt zu einer zunehmenden eingeschränkten Textvielfalt und zu einer Standardisierung hin auf die in Agenturen üblichen Textgestaltungsprinzipien.

Eine ernsthafte wissenschaftliche Auseinandersetzung mit der Sprache in den Zeitungen beginnt mit dem Heft von J. Sabin (d. i. Josef Silbermann) ‚Die Sprache der Presse und des Parlaments' (Kiel-Leipzig 1893). In ihm wird auf die Notwendigkeit der Differenzierung journalistischer Sprach- und Stilarten hingewiesen. Außerdem werden bestimmte Erscheinungen wie Nominalisierung, Verwendung von Neologismen, Mode-, Schlag- oder Jargonwörtern, von Formeln und Klischees auf Aktualitätszwang und sprachökonomische Notwendigkeiten zurückgeführt. Die philologische Betrachtungsweise wird erst ab 1937 fortgesetzt mit den Untersuchungen von Franz Kiener (Die Zeitungssprache. Eine Deutung ihrer psychologischen Grundlagen, Diss. München 1957) und Franz Rodens (Die Zeitungssprache, Bonn 1938), deren gleicher Titel schon darauf verweist, daß die Autoren generalisierende Kriterien festzustellen und allgemeingültige Aussagen zu machen glaubten. Gegen diese allgemeinen Aussagen und ihre Festlegung in wertenden Ausdrücken wie ‚Zeitungssprache', ‚Zeitungsdeutsch', ‚Zeitungsstil', ‚Journalistensprache', ‚Reportersprache', ‚Feuilletonstil' etc., die er ausführlich belegt und reflektiert, wendet sich Hans Eich in seiner Dissertation ‚Sprache und Stil der deutschen Presse, besonders nach 1945, und ihre Beurteilung' (Diss. masch. München 1956). Da in Zeitungen stets unterschiedliche Inhalte mitgeteilt wurden und werden, da in Zeitungen die unterschiedlichsten journalistischen Genres versammelt sind, konnte sich kein einheitlicher Sprachduktus, kein einheitlicher Stil entwickeln. Wenn Begriffe wie Zeitungssprache, Pressesprache oder -stil überhaupt einen Sinn haben, dann bezeichnen sie ein sprachlich-stilistisches ‚mixtum compositum'. So ist es auch nicht verwunderlich, wenn für die Zeitung und einzelne ihrer Sparten die unterschiedlichsten Sprach- und Stilformen festgestellt wurden. Die hier angeführte Auswahl ist sehr willkürlich und keinesfalls vollständig: blühender Stil; ritterlicher, pöbelhafter Stil; Sprache der Aufregung, Abspannung und Höflichkeit; aufgeregter, gesteigerter, gepflegter Stil;

Schreibstil, Kunstschreiberstil; Sachlichkeits-, Zweck-, Polemik-, Feuilleton-, Propaganda- oder Reklamestil; berichtender, pathetischer, belehrender, unterhaltender, polemischer Stil; Amts-, Telegramm-, Feuilleton-, Redner-, Gelehrten-, Zensurstil und volkstümlicher Stil; Sprache der Anlehnung, der Übersteigerung, die zur Schrei- und zur Schwulstsprache führt, der Ermattung und Abkürzung, aus denen sich jeweils die Fehler der Zeitungssprache ergeben; Nachrichten-, Meinungs- und Unterhaltungsstil als Formen des journalistischen Ausdrucks; Schrumpf- und Blähstil.

Die Mixtur an Sprach- und Stilformen, wie sie sich in den unterschiedlichsten Zeitungen, den überregionalen, den regionalen und lokalen, den Boulevard- oder Anzeigenblättern und in den verschiedenen Sparten oder Genres innerhalb der einzelnen Zeitungen darbietet, verhindert oder erschwert zumindest eine durchgängige sprachlich-stilistische Analyse und Interpretation. Zudem ist zu beachten, daß das, was eventuell als Sprachform oder als Stil der Nachrichten, der Reportagen, des Feuilletons etc. herausgestellt werden kann, eigentlich als pressestelle- oder agenturspezifisch charakterisiert werden muß, da in weite Bereiche der Massenmedien nur einrückt, was von den Textvorproduzenten als ‚relevant' vorformuliert wird.

2.2. Zeitschrift

Die Vielzahl der auf dem Markt befindlichen Zeitschriftentypen (Publikums- oder General-Interest-Zeitschriften, Fachzeitschriften, Verbands- und Vereinszeitschriften, Amts- und Alternative Zeitschriften) macht es notwendig, daß bei ihnen Redakteure und Journalisten unterschiedlichster Ausbildung und Ausrichtung tätig sind. Den Aufstieg in der Riege der Macher von Publikumszeitschriften (Illustrierte, Politik-, Kultur- oder Zeitgeist-Magazine) schaffen vor allem Leute mit ausgezeichneter Bildung, vorzüglichen Recherche- oder exzellenter Schreibfähigkeiten. Bei den Visuellen-Lead-Blättern wie *MAX, GEO, Tempo, Fit for Fun, Marie Claire, Playboy, Madame* oder *Allegra* sind vor allem Mitarbeiter erwünscht, die mit einer neuen Bildsprache neue redaktionelle Leistungen anstreben.

Im allgemeinen haben Zeitschriften-Journalisten eine klarere Vorstellung von ihrem Zielpublikum, können ihre Texte besser auf dieses ausrichten als Zeitungsschreiber. Meist haben sie auch mehr Zeit für das Ausfeilen ihrer Beiträge, sind sich auch bewußt, daß das, was sie zu Papier bringen, über den Tag hinausreicht. Die Blattmacher müssen vor allem kreativ sein, ein Gespür haben für relevante Themen, müssen imstande sein, Stimmungen oder Emotionen zu erzeugen, Gefühle transparent zu machen. Sie müssen das ‚People watching' beherrschen, immer neue Sensationen von möglichst prominenten Zeitgenossen berichten oder Märchen über sie erfinden. Sie müssen sorgen, daß die Fotos groß und eindrucksvoll geraten, die Texte knapp, aber ‚spicy', d.h. gut gewürzt sind. Blattmacher von Publikumszeitschriften sind moderne Marktschreier, sind große Vereinfacher, die wie beispielweise Henri Nannen als Leitfigur das sogenannte ‚Lieschen Müller' als Zielpublikum haben.

2.3. Internet

Das World Wide Web ist als journalistisches Medium erst wenige Jahre alt. Es entwickelte in der kurzen Zeit aber neue Bericht- und Darstellungsformen und wird diese noch erweitern. Zentral geht es um das ‚story telling', das Erzählen von Geschichten als Hypertext. Das bedeutet ein Erzählen nicht im Nacheinander, sondern im Nebeneinander. Die nicht-lineare Hypertext-Struktur ermöglicht bzw. erfordert die Produktion von Textteilen, die nicht nur linear und horizontal, sondern zusätzlich vertikal, parallel und in der Tiefe verknüpft werden. Zum Hypertext können sich Sprache, Schrift, Bild und Lesegewohnheiten entfalten. Es ist aber auch möglich, Sprache und Text zu verlassen und Design-Kombinationen aus Fotos, Ton, Video und Animation zu kreieren. Das bringt neue Möglichkeiten zur Schaffung von Kunst und Literatur. Publizistisch wird das Medium jedoch beschränkt eingesetzt, um es zum Informieren, Kommentieren, Unterhalten, Beraten etc. zu nutzen.

Der Vorteil, den der Internet-Journalismus bringt, liegt in der Möglichkeit einer ständigen Aktualisierung der Beiträge. Er liegt weiter in der Verbindung von Aktualität und Hintergrundinformation, die der Nutzer schnell und sinnvoll verknüpft, assoziativ auffinden kann. Er muß Nachrichten, Kommentare oder Reportagen so aufbereitet erhalten, daß er einerseits in der journalistisch gewünschten Richtung geführt wird, daß ihm aber die Freiheit bleibt, eine satte Informationstiefe zu erreichen. Eine Web-Präsentation muß eine ausreichend große Zahl von durch Links verknüpfte Web-Seiten enthalten, damit die journalistisch recherchierten und produzierten Inhalte nutzergerecht und nutzerfreundlich dargeboten werden. Ein Rückkanal sollte dem Nutzer die Möglichkeit bieten, mit der Redaktion zu interagieren.

Der Internet-Publizist muß ‚grafisch' denken und seine Thematik in das Informationsdesign einbetten. Er muß Navigationspunkte einplanen, die einen Spannungsbogen aufbauen helfen. Diese Hot Words oder Hot Spots bilden die Startpunkte ins Informationsnetz. Sie müssen die Orientierung bieten, damit der Nutzer dorthin kommt, wohin er will. Das vom Hot Word oder Hot Spot Verheißene, Angekündigte, muß auf den weiteren Web-Seiten erfüllt werden.

Externe Verknüpfungen ermöglichen es den Nutzern, z.B. selbst zu recherchieren, etwa die Quellen gelesener Artikel zu überprüfen, sich weitere Informationen zu besorgen und selbst zu entscheiden, wie gut, wie umfangreich, wie objektiv berichtet wurde.

Erleichtert wird das Recherchieren durch die Vernetzung der Redaktionen bzw. Redakteure mit den PR-Stellen und Öffentlichkeitsarbeitern. Diese gestattet es, gezielt Texte, Abbildungen usw. vom Unternehmens- oder PR-Server herunterzuladen und zu verwenden. Weitere Bezugsquellen sind sog. News Groups, schwarze Bretter oder Profil-Verzeichnisse von Experten, die ihr Fachwissen und sich selbst als Kommunikationspartner anbieten.

2.4. Hörfunk

Auch beim Hörfunk ist die arbeitsteilige Produktion bestimmend. Die Programmarbeit, die auf eine permanente Unterrichtung, Belehrung und Unterhaltung der Hörer ausgerichtet ist, wird in den Ressorts geleistet. Redakteure für die Bereiche Politik, Wirtschaft, Wissenschaft, Kultur, Musik, Erziehung, Unterhaltung, Sport, Familie, Kirche, Heimat, Schule, Kinder, Frauen, Landvolk etc. planen, schreiben, beauftragen Autoren, lassen Produktionen durch Moderatoren, Sprecher, Schauspieler, Regisseure und zahlreiche technische Kräfte erstellen. Besonders hoch ist der Anteil an reproduktiven Programmteilen, d.h. die Redaktionen übernehmen Material aus dem Angebot von Agenturen, Verlagen, Firmen, sind für diese ein wirtschaftlich hochwichtiges Verwertungsinstrument. Zu den reproduktiven Darbietungen gehören vor allem musikalische, aber auch Nachrichten, Kommentare, Glossen, Vorträge, Dichterlesungen oder Rezitationen, Gespräche, Diskussionen, Interviews, Buch- und sonstige Besprechungen, Ausstellungsberichte, Theater-, Film-, Kunstkritiken, weiter bestimmte Formen der Hörfolge und des Hörberichts (Reportage). Als produktive Darbietungen werden nur das Hörspiel, die sog. Funkerzählung sowie berichtende Formen der Hörfolge (Feature) und des Hörberichts (gestaltete Reportage) anerkannt.

Diese Ausgliederung in reproduktive und produktive Darbietungen ist problematisch und umstritten. Wichtig ist jedoch, daß in den reproduktiven Bereichen das Vorbild der Zeitung und Zeitschrift noch weitgehend vorhanden ist. Rundfunkjournalisten wurden lange Zeit ganz überwiegend im Zeitungsbetrieb ausgebildet und konnten sich nur schwer auf die Anforderungen des neuen Mediums hin umorientieren. Die meisten Sendetexte entstehen auch heute noch am Schreibtisch, sind also schreibsprachliche Produkte. Nur in der Direktreportage, die früher auch häufig schriftlich fixiert war, vor allem auch aus Zensurgründen, und in den speziell für den Hörfunk entwickelten poetischen Gebrauchsformen wie dem Hörspiel und der Funkerzählung sowie der Mischform Feature wurde eine dem Medium adäquate Sprachform entwickelt.

Wie die anderen Medien unterlag auch der Rundfunk im Dritten Reich den staatlich angeordneten Sprachlenkungsmaßnahmen. In der DDR waren sie üblich. Daneben gab und gibt es ressortbedingte sprachliche und textuelle Regelungen und Empfehlungen, die allerdings sehr selten eingehalten werden, bzw.

die, wie bei der konzentrierten Sprachstruktur der Nachrichten, den Aufnahmemöglichkeiten vieler Hörer entgegenstehen.

2.5. Fernsehen

Beim Fernsehen erhöht sich der Produktionsaufwand nochmals gegenüber dem Hörfunk. Er muß langfristiger angelegt werden, ist wesentlich personal- und kostenintensiver. Da bei den Programmverantwortlichen und Programmachern das Fernsehen im hohen Maße als ein Bild-Medium angesehen wird, leitet sich bei diesen daraus die Vermutung ab, daß dem Bild bei der Aufnahme und Verarbeitung der Inhalte, der Botschaften des Mediums, eine Leitfunktion zukomme. Außerdem erwartet man, daß die bunten Bilder die Aufmerksamkeit der Zuschauer erregen und fesseln können, diese motivieren und stimulieren, über Stunden hinweg vor dem Bildschirm auszuharren. Weiter wird hingewiesen auf den dokumentarischen Charakter des Abgefilmten, das als direkte Abbildung der Wirklichkeit interpretiert wird.

Die im Fernsehen gezeigten Produkte durchlaufen fast alle einen komplizierten Produktionsprozeß, innerhalb dessen sich die Beteiligten oft zu wenig aufeinander abstimmen. Deshalb verselbständigen sich Auswahl- und Bearbeitungskriterien oft, überlagern die technischen Bedingungen und Zwänge tendenziell den gedanklichen Aufwand, die intellektuelle Tätigkeit. Allzu leichtfertig wird die innere Logik eines Filmes, einer Reportage, eines Features, die sich in der Einheit von Bild und Text spiegeln sollte, die Kausalität optisch-verbaler Argumentation scheinbaren Sachzwängen geopfert, die Resultate einer irrationalen Arbeitsteilung sind. So scheinen eher bürokratische Dispositonen, wie die terminierte Bereitstellung von Produktionsteams, der Dienstplan der Cutterinnen oder die kalkulierte Auslastung des Synchronstudios zur Mischung von Bild und Ton als unverrückbare Fixpunkte den Produktionsablauf zu bestimmen. Die geistige Produktion des Drehbuchautors muß dann zurückstehen.

Hohe Konzentrationsfähigkeit der Redakteure, rasche Auffassungs- und Formulierungsgabe der Reporter, Kreativität und bedenkenlose Treffsicherheit des Kameramanns oder der Cutterin beim Filmschnitt und zudem vorausschauendes Organisationstalent wären erforderlich für ansprechende Produkte, aber bürokratische Schwerfälligkeit und mangelndes theoretisches wie handwerklich-technisches Können verhindern deren Realisation. Die einzelnen Beteiligten scheinen sich eher an überkommene Arbeits- und Interpretationsweise zu halten. Vor allem die Anweisung: „Im journalistischen Bereich des Fernsehens wird der Text zum Bild gefertigt" (Ruge 1975, 167), d.h. einem fertigen Film wird ein Text aufgesetzt, der sich zuerst dem Zeitrahmen anpaßt, nicht dem Erfordernis, einen Verarbeitungs- und Verstehensprozeß für die Bilder beim Zuschauer in Gang zu setzen, verdeutlicht die Dominanz der technischen Apparatur und ihrer Sachzwänge.

3. Textrezeptionsprobleme

Der Rezipient oder Konsument, Ziel- und Ansprechpartner des Journalisten, wird wie dieser ebenfalls als soziales Individuum von seiner komplexen Voraussetzungssituation her geprägt. Auch bei ihm sind spezifische Bedingungen, Bestimmungen und Beschränkungen sozio-ökonomischer, sozio-kultureller, kognitiv-intellektueller wie biographisch-psychischer Art bestimmend für die Aufnahme der durch die Massenmedien vermittelten Aussagen und deren Inhalte. Während für den Kommunikator diese Faktoren empirisch, analytisch aber einfacher gesammelt, gesichtet, klassifiziert werden können, bleibt der Rezipient in der Masse des ‚dispersen Publikums' weitgehend verborgen. Es kann jedoch davon ausgegangen werden, daß ein hoher Prozentsatz von Herkunft, Ausbildung und Beruf nicht wie die Kommunikatoren mittelschicht- und bildungsorientiert ist. Die Erwartungshaltung der Rezipienten gegenüber interessierenden Thematiken und deren Behandlung muß oft spekulativ angesetzt werden oder ist mühsam durch die Demoskopie zu erheben. Eine kommunikative Kompetenz wie bei den Kommunikatoren kann nicht bei allen Konsumenten vorausgesetzt werden. Die Wahrnehmungs- und Unterscheidungsfähigkeit vieler ist oft nicht ausreichend, um akzeptable Schlüsse auf die mit der Mitteilung, mit den Themen und der Form ihrer Präsentation verbundenen Wirkungsabsicht der Produzenten und Initiatoren der Information zu ziehen. Vor allem ist den wenigsten Rezipienten bekannt, welche Produktionsbedingungen und damit verbunden, welche Voraussetzungen und Zwänge innerhalb dieser Produktionsvorgänge vorherrschen. Der Kommunikationsfluß in bestimmten Themen- und Textbereichen, etwa bei aktueller Information (Nachrichten etc.), das Hintereinanderschalten mehrerer Produktions- und Rezeptionsvorgänge über die Schaltstellen Pressesprecher, Korrespondenten, Agenturredaktion, Nachrichtenredaktion macht die Veränderungen der Thematik und der Formgebung unsichtbar, läßt Absichten undurchsichtig werden, so daß auch Hypothesen bei den Rezipienten keine Annäherungswerte mehr erbringen können. Da die Journalisten oft hinter dem Medium verschwinden, dem Publikum gegenüber anonym sind oder durch Stellvertreter repräsentiert werden, kann sich der Rezipient kaum ein Bild vom Kommunikationspartner machen. Versuche, diese Partnerbeziehung in der medialen Kommunikation, die immer eine indirekte Kommunikation ist, transparent zu machen, bedürften größerer Anstrengungen der Publizisten.

Textrezeptionsprobleme

Die Wirkungen der Massenmedien auf den Rezipienten erfolgen direkt, nicht, wie lange Zeit behauptet, auf dem Umweg über sogenannte Meinungsführer (opinion-leaders). Rezipienten sind offensichtlich aufgeschlossen für Informationen jeder Art. Sind die Themen von allgemeinem Interesse, so spielen sozioökonomische Unterschiede (andere Schichten-, Klassen-, Gruppenzugehörigkeit) in der Phase der ersten Informationsaufnahme eine geringe Rolle. Die ebenfalls lange geltende Ansicht, sie würden nur Informationen und Meinungen akzeptieren, die ihren Einstellungen entsprächen und die diese wiederum festigen würden, ist unhaltbar. Konträr zu den eigenen Einstellungen stehende Informationen und Meinungen können aber Spannungen im kognitiven System herbeiführen. Sie werden häufig ausgesondert, wenn es die soziale Situation erfordert, oder wenn ein Wunsch nach Varietät vorherrscht. Diese Selektion wird aber auch von einstellungsunabhängigen Faktoren beeinflußt. Neben solchen der Persönlichkeit, wie z. B. Dogmatismus, Selbsteinschätzung etc., spielen vor allem die Gratifikationen eine Rolle, die der einzelne aus der Mediennutzung ziehen kann. Mediennutzung als Mittel der Umweltkontrolle und der persönlichen Identitätsfindung, als Ersatz für mangelnde soziale Beziehungen usw. sind Beispiele für eine Auswahl nach vielschichtigen Kriterien.

Direkte Kommunikation mit Partnern oder in Gruppen sowie Einflüsse der normativen Kultur können das Publikum nicht von der Einwirkung und Einflußnahme der Medien abschotten. Durch die Summierung, die Anhäufungswirkung bei unterschiedlicher Mediennutzung wird der massenmediale Einfluß sogar verstärkt. Berücksichtigt man auch noch das Phänomen der para-sozialen Beziehung, etwa die, die Rezipienten zu Kommunikatoren (z. B. Showmastern, Moderatoren, Nachrichtensprechern etc.) aufbauen als Ersatz für mangelnde reale Interaktionsmöglichkeiten, so wird deutlich, daß der Einfluß der Massenmedien bisher eher unterschätzt als überschätzt wurde. Zumindest kann behauptet werden, daß Massenkommunikation in der Lage ist, Wissenseffekte zu erzielen. Bedenken gegenüber den Einflußmöglichkeiten bestehen dagegen, wenn es sich um einstellungs- und verhaltensändernde massenmediale Aussagen handelt. Diese werden eher von den im sozialen Netzwerk ‚Publikum' ablaufenden interpersonalen Kommunikationsprozessen behindert, modifiziert, oder auch gefördert und legitimiert. Der direkte Einfluß durch Meinungsführer wird z. T. aufgefangen durch gegengerichtete Bewegungen und Bestrebungen, ist also wechselseitig, weil Einstellungs-, Meinungs- und Verhaltensänderungen häufiger durch Meinungsteilung zustande kommen, durch Rollentausch als Ratgeber und Ratsucher. Ausgeschlossen von solchen wechselseitigen Beeinflussungsprozessen bleiben Inaktive und sozial Isolierte. Isolation erzeugt Mangel, Verlust, Entzugserscheinungen, die man durch hohen Medienkonsum abzubauen versucht. Wandlungsprozesse in der Gesellschaft werden so oft nicht wahrgenommen, weil sie sich hinter der eigenen Traumwelt verbergen. Den Aktiven dagegen werden die Wandlungsprozesse gerade aus den Massenmedien besonders schnell und deutlich erkennbar, weil das Massenkommunikationssystem als ein soziales Subsystem des Gesamtsozialsystems interessengeleitete Informationen aus anderen Subsystemen weiterleitet, durch Feedback- und Distributionskontrolle aber zugleich regulierende Funktion ausübt.

Die Rezipienten der journalistischen Medien lassen sich aufgliedern in Leser, Hörer und Zuschauer:

Beim Lesen werden Zielsetzungen und Vorwissen des jeweiligen Lesers mit dem im Text niedergelegten Informationsangebot konfrontiert. Lesen bedeutet eine fortlaufende aktive Konstruktions- und Integrationsleistung im Rahmen der Leser-Text-Interaktion, die in verschiedene Teilprozesse aufgegliedert werden kann. Jeder Text läßt Informationen unbestimmt, mehrdeutig, da Präsuppositionen, Prämissen, Konsequenzen oder semantische Relationen nicht explizit aufgeführt werden. Die dadurch entstehenden Lücken oder Leerstellen wirken als Aufforderung an den Leser, sie durch Interferenzen, durch Folgerungen zu schließen, um eine kohärente semantische Struktur herzustellen. Interferenzen führen aber stets über die im Text direkt repräsentierte Information hinaus. Welche Schlußfolgerungen der Leser aufgrund seiner privaten Schemata durchführt, kann der Autor nicht oder kaum kontrollieren. Hierin liegt aber das kreative Moment des Lesens. Ein Schwerpunkt der aktuellen Forschung zur Textverarbeitung besteht in der Suche nach möglichen Interferenzen und im Versuch, solche zu klassifizieren und die Bedingungen ihres Auftretens zu ermitteln.

Brauchbar scheint ein linguistisch orientiertes Verständlichkeitsmodell, das von der Grundstruktur des Informierens ausgeht. Es wählt die dialogische Situation als Ausgangssituation für die Darstellung, weil damit die Möglichkeit besteht, die Verständigungsprobleme kommunikativ auszutragen. Maßgeblich für den Leser ist, ob sein Wissen richtig eingeschätzt wird, ob er erkennen kann, wie der sprachliche Beitrag gemeint ist, ob die für ihn relevanten politischen, sozialen, wirtschaftlichen, historischen, ethischen oder ästhetischen Zusammenhänge verdeutlicht werden. Besonderer Wert kommt allen verständnisfördernden Maßnahmen zu. Die Veränderbarkeit der Kommunikationsform, sowohl historisch wie normativ, wird berücksichtigt.

Grundlage für das Lesen ist die Tatsache, daß die Augen Information nur während der Fixationsperioden aufnehmen, die durch ruckartige Vor- und Rückwärtsbewegungen (Saccaden) unterbrochen und zugleich miteinander verbunden werden. Dabei greift das Auge dem eigentlichen Erfassen von Wörtern vor. Trifft es auf diese, so werden längere Wörter eher fixiert als kurze. Die Wahrnehmungsspanne der Fixierung ist abhängig von der Schriftrichtung und damit von der Lesegewohnheit. Wort- und Textbedeutungen gehen in die Fixationen ein. Mit ihnen werden fortlaufend und jeweils so schnell wie möglich, Vermutungen, Folgerungen und Interpretationen über das Aufgenommene konstruiert. Ein Wort oder ein Satz werden nicht erst visuell aufgenommen und dann zu einem Sinn verarbeitet, sondern in Bedeutungsrepräsentationen transformiert, sobald dies sinnvoll möglich ist. Bei der Sinnentwicklung sind die Häufigkeit und Vertrautheit der aufzunehmenden Wörter ebenso wichtig wie ihre Erwartbarkeit im Kotext.

Das Lesen eines Wortes hat zwei Komponenten, einmal das visuelle Muster des Wortes, das identifiziert und enkodiert wird, zum anderen die Bedeutung des Wortes, die im inneren ‚Lexikon' abgerufen werden kann. Augenfixationen erfolgen innerhalb eines feststehenden Textarrangements. Sie sind angewiesen auf eine stabile Anordnung, die die Textabfolge vorgibt, die syntaktische Verbindungen festlegen und die in Satzverknüpfungen und Satzlogik fixiert sind.

Beim normalen Lesen verläuft die Aufmerksamkeitslenkung über die Augenfixationen weitgehend automatisch. In der Regel geschieht die Sinnzuordnung so schnell, daß sie weder dem Bewußtsein noch der Introspektion zugänglich ist. Die Lesezeit basiert vor allem auf der Erwartbarkeit und Wahrscheinlichkeit einzelner Elemente, d.h. leichte Texte werden schneller erfaßt als schwierige. Da zur Sinnfixierung ständig neue Informationen aktiviert, ständig neue Hypothesen gebildet werden, stets vorausgreifende Erwartungen und rückwirkende Korrekturen stattfinden, operiert der Leser mit einer Vielfalt von Taktiken, die Ökonomie mit Flexibilität verbinden und ein breites Spektrum verschiedener Informationsebenen auswerten. Beim Lesen geben einzelne Lexeme, mehr aber syntaktische Formen Handlungsanleitungen. Sie werden umgesetzt in Erwartungsbündel und semantische Bezüge. Sie schaffen ein Relationsgefüge, befreien von Mehrdeutigkeiten. Je klarer das Textschema ist und je widerspruchsfreier die aufgenommenen Einzelinformationen integriert werden können, desto schneller und müheloser wird gelesen. Meist ist das Lesetempo am Beginn eines Textes langsam, steigert sich, wenn die vorhandene Textgrammatik erkannt ist. Verstößt ein Text gegen das erwartete Schema, wird er nicht nur langsamer verarbeitet, sondern kann auch auf Lesewiderstand stoßen. Solange der Text also keinen Widerstand leistet, wird beim Lesen Kohärenz hergestellt, wird der Inhalt erfaßt.

Der Idealtext im journalistisch-publizistischen Bereich ist transparent, kohärent und bezieht sich auf Erfahrungen und Weltwissen. Leser gehen grundsätzlich davon aus, daß ihnen das Mitgeteilte relevant und sinnvoll dargeboten wird, daß die beschriebene Sinnkonstitution gelingen kann. Journalisten haben sich einzustellen auf die Erwartungshaltungen ihrer Leser, haben mit diesen gemeinsame Informationsbereiche zu etablieren, Wissen zu vermitteln, das auf gemeinsamem Vorwissen aufbaut (nach Gross 1994).

Während die Leserpsychologie und -biologie wissenschaftlich brauchbare Ergebnisse liefert, kann das von der Lesertypologie nicht behauptet werden. Die Versuche, Leser in Typen aufzugliedern oder in Gruppen, wobei Leserverhalten und Interesse als die maßgeblichen Indikatoren herausgestellt wurden, erbrachten Erkenntnisse wie die, daß sich Viel-, Normal- und Wenig-Leser unterscheiden lassen (Fritz/Suess 1986).

Beim Hörverstehen ist grundsätzlich von den gleichen Einflußfaktoren auszugehen wie beim Lesen. Zu den sprachlichen bzw. den textuellen treten jedoch die sprecherischen hinzu, da es sich bei Phänomenen der gesprochenen Sprache um Gestalteinheiten von Sprachlichem und Sprecherischem handelt. Gesprochene Texte müssen gehört, d. h. akustisch wahrgenommen, und sofort verstanden werden, wobei mit dem Verstehen das Erkennen der Anweisungen gemeint ist, die auf Folgehandlungen des Hörers abzielen. Vor allem bei einer Konzentration des Wahrnehmungs- bzw. Aufnahmeprozesses ausschließlich auf das Hören, wenn die Informationen nur über den akustischen Kanal kommen wie beim Hörfunk, wirkt sich diese Notwendigkeit in gesteigerter Weise aus.

In einer Sprech-Hör-Kommunikation werden jeweils stets mindestens drei Informationen gegeben, die grundlegend für Sinn und Sinnvermittlung sind: Wer spricht – was wird mitgeteilt – wie wird gesprochen. Hören kann bestimmt werden als kommunikative Handlung, die situativ gesteuert, partnerbezogen, sprachgebunden, leibhaft vollzogen Sinn versteht, d. h. die Auslegung des Gemeinten und dadurch Handlungsvollzug ermöglicht. Bei der Sinnvermittlung spielt eine entscheidende Rolle, daß es keine Simultanwahrnehmung der Sprachäußerungen, d. h. der übermittelten Texte gibt, sondern immer nur eine sukzessive. Das bedeutet, daß der Hörer im Gegensatz zum Leser keine Chance hat, zurückzublättern oder oben nachzulesen, beim Hörfunk auch nicht die Möglichkeit, eine eigene Verstehensgeschwindigkeit zu wählen. Er kann keine Pausen einlegen. Er muß sich außerordentlich konzentrieren, weil Umwelt und Störanfälligkeit des Mediums ihn dazu zwingen, wenn er keinen Informations- oder ästhetischen Verlust erleiden will. Die Kommunikationssituation benachteiligt ihn in der medialen Kommunikation sehr, weil fremde Stimmen in seine Intimsphäre eindringen, anonyme Partner mit ihm ins Gespräch kommen wollen, er aber nicht nachfragen oder antworten und sich auch kein Bild von ihnen machen kann. Die Sprachgebundenheit läßt sich, im Gegensatz zu antiquierten Auffassungen, nach denen der Inhalt einer Mitteilung über die Sprache, der Ausdruck über die Spreche vermittelt werde, auch theoretisch nicht differenzieren, da Unterschiede im Wortschatz oder in der Syntax auch Nuancierungen im Ausdruckhaften bedeuten wie umgekehrt Unterschiede in einigen Parametern des Sprecherischen, etwa Aussage vs. Frage, Akzent, Pause, unmittelbar das Was des Gesagten betreffen.

Für die mediale Kommunikation wurden über die bereits angeführten allgemeinen Verständlichkeitskonzepte hinaus bisher keine speziellen Hörbarkeits- bzw. Hörverständlichkeitskonzepte erstellt. Wo Ansätze dafür vorliegen, handelt es sich vor allem um den Versuch, die Verstehensleistung über den Behaltensquotienten zu erschließen.

Der Versuch zu einer Hörertypologie erbrachte noch allgemeinere und damit unzureichendere Ergebnisse als der für eine Lesertypologie. Herausgestellt werden neuerdings folgende 5 Typen: Typ 1: Vorwiegend Hausfrauen, bei denen das Radio vom Aufstehen bis zum Zubettgehen läuft und Inhalte kaum wahrgenommen werden. Typ 2: Überwiegend Musikinteressierte, bei denen das Programm als Schmiermittel für einen reibungslosen Tagesablauf sorgen soll. Typ 3: Ebenfalls überwiegend Musikinteressierte, bei denen Radiohören einer momentanen Befindlichkeit Ausdruck verleihen soll. Typ 4: Interessierte an Musik- wie Wortbeiträgen, von denen das Programm genutzt wird zur Zeiteinteilung. Typ 5: Interessierte an Information. Schalten bewußt bei Nachrichten oder bestimmten anderen Wortbeiträgen ein. Hängen an bestimmten Moderatoren (Schürmann nach Brünjes/Wenger 1998, 33; vgl. auch Weiß/Hasebrink 1995, 30–33; Häusermann 1998, 44–54).

Die Zuschauerforschung ist im allgemeinen von zwei theoretischen Ansätzen ausgegangen:
a) Die Summationstheorie setzt auf das lerntheoretische Prinzip der Stimulusgeneralisierung. Es besagt, daß ein Lernerfolg um so größer ausfällt, auf je mehr Hinweisreizen (cues) er aufbauen kann. Danach hat Zweikanalkommunikation gegenüber einkanaliger Darbietung einen Vorteil, wenn die Information beider Kanäle aufeinander bezogen ist. Bei nicht-korrelierten Kanälen und reiner Redundanz ist der Informationsgewinn geringer.
b) Nach der Selektionstheorie verfügt der menschliche Organismus über eine beschränkte zentrale Informationskapazität. Laufen Informationen über zwei Sinnesmodalitäten, d.h. über Auge und Ohr zugleich ein, ist nur eine alternierende Verarbeitung möglich (Filtermodell nach Broadbent). Zuerst werden die Informationen einer Modalität zentral verarbeitet, während die der anderen in einem Kurzzeitspeicher abgelagert werden. Dann wird auf die andere Modalität umgeschaltet; die dort verfügbaren Informationen werden ausgewertet. Dieser Verarbeitungsprozeß kann schnell überfordert werden. Ausfälle entstehen, wenn die Informationsdichte innerhalb beider Modalitäten groß ist bzw. die Informationen nicht aufeinander bezogen sind. Es wird dann nur eine Modalität ausgewertet, oder es wird fortwährend umgeschaltet, was den Informationszusammenhang beider Kanäle zerstört.

Die beiden Ansätze sind nicht unvereinbar. Die Selektionstheorie erklärt Ausfälle bei großer Informationsdichte. Die Summationstheorie erklärt den Vorteil geringerer Informationsdichte durch Korrelation der Kanäle.

Bei der Auswertung über die Sinnesmodalität Ohr sind die Erkenntnisse über den Hörverstehensprozeß zu berücksichtigen, bei der über die Sinnesmodalität Auge solche, die für die Bildwahrnehmung gelten. Für diese gilt, daß sie in einer zielgerichteten Informations- und Wertgewinnung durch Auswahl, Organisation und Bedeutungszuweisung besteht. Bekannt ist, daß Bilder nicht in ihrer Gesamtheit sofort erfaßt werden. Das Wahrnehmungsfeld wird vielmehr sehr schnell und spontan in figurale Einheiten zerlegt, wobei die wahrnehmungspsychologischen Gestaltgesetze eine entscheidende Rolle spielen. Bei der Betrachtung ruht das Auge nicht auf einem Punkt, sondern schwenkt – ähnlich einer

Filmkamera – ca. dreimal pro Sekunde von einem Punkt des Wahrnehmungsfeldes zum anderen. Die Abfolge dieser Schwenks wird gesteuert durch reizbestimmte Merkmale, durch die Aufgabenstellung, die der Zuschauer sich selbst gibt oder die er erhält, z. B. vom begleitenden Text, sowie vom Vorwissen. Bilder mit hohem Neuigkeitswert werden etwa häufiger und länger fixiert als gewohnte. Unterschiedliche Bildauswertungen gehen auf unterschiedliche Informationsbedürfnisse, Interessen oder auf anderes Vorwissen zurück. Das Durchmustern der Bilder beansprucht einen Zeitaufwand, was bedeutet, daß sie genügend lang dem Zuschauer präsentiert werden müssen, d. h. genügend lange Einstellungen und Sequenzen haben.

Beim Durchmustern werden mit der Augenfixation Teile des Bildes identifiziert und wahrscheinlich in sprachliche Einheiten umgestaltet. Beim Anschauen wird also eine mehr oder minder umfangreiche sprachliche Teilkopie des Bildes hergestellt. Im Gedächtnis werden vermutlich sowohl das visuelle Muster wie die sprachliche Teilkopie gespeichert, so daß ein Bild als visuelle Vorstellung und als sprachliche Beschreibung reproduziert werden kann. Die doppelte Speicherung bewirkt, daß Bilder besser erinnert werden als Texte, denn es können ja beide Speicher genutzt und aktiviert werden. Die sprachliche Kopie spielt bei der audiovisuellen Informationsaufnahme eine wichtige Rolle insofern, als sie es ermöglicht, sprachliche und bildliche Information in einer Form miteinander in Beziehung zu setzen. Während der Aufnahme scheint ein fortwährender Vergleich stattzufinden, der gute Erfolge erbringt, wenn Text und sprachliche Kopie des Bildes in etwa parallel sind, der schlecht gelingt, wenn beide zu weit auseinanderrücken (Text-Bild-Schere). Es ist deshalb Sache des Bildern beigegebenen Textes, einen Prozeß des bildlichen Wahrnehmens, des bildlichen Verstehens in Gang zu setzen sowie die Voraussetzungen, Hintergründe und möglichen Folgen deutlich und verständlich zu machen, in die die abgebildeten Geschehnisse und Gegenstände eingebettet sind. Dem Text kommt im Film wie bei den elektronisch aufgezeichneten Produkten die Leitfunktion für die Aufnahme und Verarbeitung des Angebotenen durch die Rezipienten zu.

Das Verstehen eines Bildstreifens setzt auch voraus, daß sich die Informationen der einzelnen Einstellungen über die Schnittstellen hinweg zu einem Informationskomplex verbinden. Das Verstehen der Bildfolgen ist weitgehend mit dem Textverstehen gleichzusetzen. Die Informationskomplexe werden nacheinander aufgenommen. Zwar ist die Informations- und Wertentnahme aus einem Satz verschieden von der aus einem Bild, aber die integrative Verarbeitung einer Satz- wie einer Bildfolge beruht vermutlich auf den gleichen Denkoperationen. Bilder aktivieren Inhalte eher aus dem episodischen Gedächtnis als aus dem semantischen, d. h. aus dem, das auf persönlicher Erfahrung aufbaut. Für die integrative Verarbeitung von Bilderfolgen sind hilfreich gespeicherte Erwartungsschemata und Erwartungsstrukturen, die das Individuum sich im Umgang mit Filmen und Fernsehbeiträgen angeeignet hat.

Eine letzte Phase bei der Verarbeitung, die keine stufenartige Abfolge, sondern eine hierarchische Verschachtelung sich teilweise überlagernder Abläufe darstellt, trifft das Problem, ob eine filmische Botschaft als Abbild der Wirklichkeit oder als Kommunikat aufzufassen ist. Normalerweise wissen aufgeklärte Zuschauer, mit welcher Absicht das Film- und Fernsehangebot kommuniziert werden muß. Kinder und Jugendliche sind dagegen überwiegend naiv und undistanziert, neigen zur unreflektierten Übernahme. Andererseits verunsichern auch die Produkte, wenn sie etwa eine zu glatte Oberfläche besitzen, zu selbstverständlich dargeboten werden, ihnen jeder Hinweis fehlt, daß es sich um etwas Gemachtes, textbildnerisch Gestaltetes handelt. Dann geraten Zuschauer in einen Zwiespalt, wissen nicht, welche Aufnahmestrategie gegenüber den Medienangeboten angemessen ist. Eine Verführung durch Augenzeugenillusion oder erkenntnismäßige Überforderung sind dann leicht möglich.

Weitere Nachteile für den Zuschauer bringen die Tatsache, daß er an den Fernseher gebunden ist wie an das Programmschema. Das Produkt muß in seiner Gesamtheit konsumiert werden, sollen nicht Teile der Information, des ästhetischen oder unterhaltsamen Genusses verlorengehen. Flüchtige Eindrücke sind nicht nachzukontrollieren. Für Metakommunikation bleibt kein Raum. Vor allem besteht die Gefahr, daß jede folgende Sendung den Eindruck der vorangehenden beiseitedrängt, daß am Ende des Fernsehabends nicht mehr erinnert oder gewußt wird, was alles auf den Zuschauer einströmte. Experimente und Tests, die zum Problem des Verständnisses audiovisueller Information durchgeführt wurden, bezogen sich überwiegend auf die Behaltens- bzw. Lernleistung unmittelbar nach der Darbietung sehr einfacher Beispiele.

Gemessen an der Bedeutung des Fernsehens sind Zuschauersoziologie und Zuschauertypologie unterentwickelt geblieben, da überwiegend zwischen Viel- und Wenignutzern unterschieden wird.

3.1. Zeitung

Die Zeitung macht ein Angebot, serviert vielfältige Thematiken, Meinungen, richtet sich auf die Totalität des menschlichen Interesses aus. Dabei ist es gleichgültig, ob das Angebot voll angenommen wird, ob es in bestimmten Bereichen und Teilen überhaupt angenommen werden kann. Der Zeitungsleser ist häufig ein Fanatiker der Lektüre, der sich mit dem Angebot evtl. immer wieder beschäftigt, d.h. solange liest, bis er hinter den Inhalt des ihm schwarz-auf-weiß Angebotenen kommt oder dies zumindest vermeint. Durch die Zeitung kann der Mensch den Zusammenhang zwischen sich und der Gesellschaft erkennen, sieht sich als Glied und Repräsentant zugleich. Wichtige Hinweise auf diese Tatsache geben Untersuchungen von Arbeitslosen, die mit dem Verlust der Arbeit auch das Interesse an der Zeitung verlieren. Wen die Gesellschaft aus einem ihrer

Teilbereiche entläßt, den verstößt sie offensichtlich auch aus anderen Bereichen. Da die Presse gleitende Deutungen hat und nahezu alles, Rechtes und Schlechtes in Auswahl aufnimmt, um es für den alltäglichen Gebrauch zu verarbeiten, dient sie der Kontinuität in der Gesellschaft. Während die Zeitung sich den Launen der Leser anzupassen scheint, paßt sie sich im tieferen Sinne die gesellschaftlichen Gruppen an. Der einzelne Leser kann zwar das Abonnement wechseln, kann eine Zeitung nicht mehr kaufen, wenn sie ihm in ihrer Tendenz mißfällt. Er bekommt aber beim Wechsel wieder eine Zeitung, die ihn im Sinne einer gesellschaftlichen Gruppe zu beeinflussen versucht, ihn vermutlich auch beeinflußt. Er wird unmerklich angepaßt. Wichtig ist die kontinuierliche Lektüre. Für diese bietet sich die Massenpresse besonders gut an. Man kann in der Zeitung vorne, hinten oder in der Mitte zu lesen beginnen. Man kann stunden- oder minutenlang lesen, in Pausen oder durchgängig, teilweise oder ganz in einer Ausgabe oder in verschiedenen. Man kann mit der Zeitungslektüre eine freie Minute oder freie Tage ausfüllen. Sie ist leicht und schnell zur Hand und ebenso wieder aus der Hand gelegt, billig erworben, sorglos vernichtet, stets zur Anknüpfung bereit und schnell zu vergessen. Da sie überwiegend täglich ins Haus geliefert wird, ist sie ein geheimes Zucht- und Zwangsmittel, eine Dauerdroge. Stimulierend und anregend wirkt sie jeweils durch den Inhalt, durch die Neuigkeit, die Aktualität, ist zugleich allgemein und spezialisiert, schmiegt sich den Gruppeninteressen und der Gruppensprache an und entspricht damit der Gliederung in der Gesellschaft. Sie ist das älteste Massenmedium, das sich glorreich gegen alle folgende behaupten konnte.

Diese Tatsache verdrängt aber nicht den Eindruck, der in zahlreichen Untersuchungen redaktioneller Marktforschung gewonnen wurde, daß nämlich der Leser von Zeitungen weitgehend ein „mißachteter Leser" (Glotz/Langenbucher 1969) ist.

Wie Zeitungstexte gelesen, verstanden und beurteilt werden, ist noch nicht ausreichend untersucht. Für informatorische Artikel (Korrespondentenberichte zu politischen Themen) wurden folgende Textmerkmale als effektiv herausgestellt:

a) Grafische Strukturierung: Aufgliederung in Abschnitten; Verwendung unterschiedlicher Schrifttypen; Unterstreichungen; Farbe; unterschiedliche Zeilenabstände; Randbalken; Markierungen;
b) Wortfrequenz: Anzahl der Varianten bei der Wortwahl;
c) Verb: Substantiv-Verhältnis;
d) Satzlänge;
e) Satzverschachtelung; Anzahl und Stufen der logischen Satzebenen in Haupt- und Gliedsätzen;
f) Satzrhythmus: Variation der Satzkonstruktion hinsichtlich der Reihenfolge von Subjekt und Prädikat (Satzmonotonie);
g) Vertrautheit des Vokabulars.

Diese formalen Textelemente erlauben es dem Leser neben den inhaltlichen Teilen oder dem Vorwissen (über den Autor z. B.), für den angebotenen Text eine Kosten-Nutzen-Erwägung anzustellen. Fängt er an zu lesen, so werden ihn die bei der Lektüre fortschreitend neu gewonnenen Eindrücke veranlassen, seinen ersten Eindruck zu bestätigen oder zu revidieren. Verändert sich die Erwartung in positiver Richtung, dann erhöht sich gleichzeitig der vom Rest der Lektüre noch zu erwartende ‚Nutzen'. Steigt dieser, so akzeptiert der Leser auch höhere ‚Kosten', d. h. er wendet mehr Energie auf bei der Lektüre. Damit nimmt die Tiefe der inhaltlichen Informationsverarbeitung zu, und der Nutzeffekt der Informationsmittlung steigt.

Leser mit guten Vorkenntnissen, hoher Intelligenz und hohem Ausbildungsstand reagieren empfindlicher als andere auf ausgeprägte stilistisch-ästhetische Faktoren. Leser mit geringeren Voraussetzungen und kleinerem Informationspotential werden dagegen viel stärker durch Texteigenschaften beeinflußt, die das Verstehen unmittelbar erschweren (Satzlänge, Satzverschachtelung). Den stärksten Einfluß auf das Verstehen wie auf das Bewerten von informativen Zeitungstexten hat die Wortwahl. Ist diese ungewohnt, bedarf es des Nachschlagens im Lexikon, dann geht die Kosten-Nutzen-Erwägung zu Lasten des Textes. Leser geben dann leicht auf. Sie reagieren mehr oder weniger abrupt, wie sie das auch tun, wenn ihnen insgesamt der Verdacht kommt, mit der Sprache werde etwas zu verbergen, zu verschleiern versucht; man wolle sie manipulieren, ihnen hintergründig etwas beibringen, von dem sie nicht überzeugt sind, daß es ihren Erwartungen und ihrem Nutzen entspricht.

3.2. Zeitschrift

Der Zeitschrift eigen ist die breite Streuung. Jede versucht sich von der anderen abzugrenzen, richtet sich auf ein Zielpublikum aus. Mit vielen von ihnen kann nur der Fachmann etwas anfangen. Andere bieten ihre Inhalte so an, daß selbst der Analphabet noch Information oder Unterhaltungswerte aus ihnen zieht. Nur ein Teil der Zeitschriften unterwirft sich der ‚Abstimmung mit den Füßen' durch den Vertrieb über Zeitschriftenhandel und Kioskverkauf. Die anderen werden im Abonnement bezogen, sind teilweise an Mitgliedschaften in Organisationen oder Vereinigungen gebunden, werden subventioniert.

Die kommentierenden und vertiefenden, nicht an die Tagesaktualität gebundenen Inhalte der Fach-Zeitschriften bieten ein Ideengut, das sich für das Gespräch eignet wie für die Übernahme in Reden, Artikel, Diskussionen, etwa auch von Wahlkämpfern, Predigern, Wissenschaftlern, Journalisten anderer Medien. Auf dem Umweg über solche benachbarte Medien oder die Rezipienten, die ihr Geistesgut aus bestimmten Zeitschriften oft bis hin zum Plagiat übernehmen, gewinnen diese langsam, aber mit Dauerwirkung, eine treue Gefolgschaft. Finanziell schlecht gestellte Periodika haben häufig auf intensivere Weise als Intelligenzblätter, Generalanzeiger, Tageszeitungen, Boulevardblätter, Best- und Longseller den Meinungen und Ansichten ‚machtloser einzelner' zur Gefolgschaft und damit zur politischen und gesellschaftlichen Wirksamkeit verholfen. Bei den Publikums-Zeitschriften machen es die üblichen journalistischen Praktiken, vor allem das Auseinandernehmen ganzheitlicher Vorgänge, ihre Zerlegung in einzelne Aspekte und Sichtweisen, die manchmal anschließende Wiedervereinigung nach dem Prinzip der optimalen Wirkung, schwer, das Ereignis selbst noch zu rekonstruieren, Tatsache und Meinung zu trennen. Die Reduktion auf das Wirksame bringt immer eine Veränderung, in vielen Fällen auch eine Verfälschung mit sich. Bei der meist bunten Reihenfolge der angebotenen Themen und Inhalte lassen sich kaum mehr Zusammenhänge zwischen den einzelnen Beiträgen herstellen. Das einzelne Ereignis wird durch den hohen Darstellungsreiz zwar momentan interessant. Er verflüchtigt sich jedoch durch jedes neu angebotene. Ein Thema verdrängt das andere.

3.3. Internet

Online-Medien sind interaktiv und eröffnen den Nutzern ein aktives Kommunikationspotential. Das Hypertext-Prinzip ermöglicht es, bestimmte Wörter im Grundtext, außerdem Fotos oder grafische Elemente als Links zu definieren. Werden diese mit der Maus angeklickt, erscheinen auf dem Bildschirm neue Seiten, d. h. neue Informations-Einheiten. Der Nutzer wählt also, welchen Weg er durch das Angebot nehmen, wie umfangreich er sich kundig machen, welche Hintergründe er wissen will. Unzählige Verknüpfungen sind möglich, aber sie müssen sinnvoll sein, thematisch verbunden. Der Nutzer muß die vom Produzenten gewünschte und gewollte Dramaturgie der Informationsmittlung erkennen können. Es darf nicht sein, daß eine Vielzahl von Informationen beliebig zerteilt und wieder zusammengesetzt wird. Navigationspunkte müssen deshalb einen roten Faden im Informationsnetz erkennen lassen.

3.4. Hörfunk

Vom Hörfunk hat man behauptet, er habe „die Beziehungen der Menschen zueinander und zu den kulturellen Werten nicht weniger stark verändert wie einst die Erfindung des Buchdrucks oder, vier Jahrhunderte später, der Schnellpresse" (Fischer 1957, 42). Zudem habe er die Lebensgewohnheiten und die gesellschaftlichen Bindungen in hohem Maße beeinflußt. „Er brachte das Privatleben des einzelnen in enge Beziehung zum Weltgeschehen. Er schuf die Möglichkeit mittelbarer Teilnahme an räumlich entfernten Vorgängen, zugleich aber verminderte er häufig die individuelle Aktivität der Menschen. Er lieferte Material zur Meinungsbildung, erzielte aber auch massensuggestive Wirkungen von ungewöhnlichem Ausmaß. Er bildete neue Spannungsmomente im Verhältnis zwischen Individuum und Gesellschaft, bewirkte andererseits eine Annäherung der sozialen Schichten. Er beschleunigte den Lebensrhythmus. Er trug zugleich zur Geschmacksbildung wie auch zur Geschmacksnivellierung bei" (Eisner/Friedrich 1958, 302f.). Obwohl die Ansprüche der Hörer an den Rundfunk in der Anfangszeit bescheiden waren, stellte sie das neue Medium doch vor das Problem einer Anpassung an die beiden Kommunikationsformen Dialog und Monolog, die sich im normalen Kommunikationsprozeß weitgehend ausschlossen, und die nun in eine scheinbare Kongruenz gezwungen wurden.

Nach dem Aufkommen des Fernsehens zeigte der Rundfunkkonsum rückläufige Tendenzen. Seit Beginn der 70er Jahre wurde das ‚Dampfradio‘ jedoch wiederentdeckt, wurde zum Lieblingsmedium der Jugend bzw. der mobilen modernen Menschen. Das Interesse von Radiohörern ist orientiert auf schnelle Information, d.h. etwa Nachrichten zu jeder vollen Stunde, auf unmittelbare akustische Teilnahme am Geschehen (Direktreportagen), auf Belehrung, d.h. Wissenswertes aus dem Welt- bzw. dem Fern- und Nahgeschehen, dem Kultur- und Wissenschaftsbereich, und vor allem auf Unterhaltung, d.h. Berieselung den ganzen Tag über, wobei die eigentliche Tätigkeit im Haus oder am Arbeitsplatz erhalten bleibt. Der Nachteil liegt in der Bindung an den Lautsprecher wie an das relativ starre Programmschema. Das Medium zeigt eine hohe Störanfälligkeit; außerdem kann das Angebot nur einmal konsumiert werden.

Bei den Aktualitäten, den Nachrichten und Berichten, stellen Knappheit und hohe Konzentration große Anforderungen an die Aufmerksamkeit wie an das Aufnahmevermögen, so daß ein Großteil der Hörer als überfordert betrachtet werden muß. Bei Nachrichten entfernt sich die Sprachstruktur meist soweit von der der Umgangssprache, daß bei der Aufnahme und Verarbeitung Störungen auftreten, was einen Informationsverlust bedeutet. Wir müssen davon ausgehen, daß beim Hören wie auch beim Lesen auf Erwartungen über Sätze und Textstrukturen zurückgegriffen werden muß. Je höher bei der Wahrnehmung von Sätzen und Texten die Zahl der jeweils nicht erwarteten Muster ist, um so leichter können Störungen in der psychischen Verarbeitung der tatsächlichen Texte auftreten. Diese werden darauf zurückgeführt, daß die vorhandenen Muster einen Teil der begrenzten Gedächtniskapazität beim Hörer beanspruchen, so daß für die Speicherung der übermittelten Textinhalte weniger Raum bleibt. Wenn also in Hörtexten viele ungebräuchliche Wörter, Satz- und Textkonstruktionen verwendet werden, ergeben sich eindeutig Schwierigkeiten für den Aufnehmenden. Beim Hörfunk erschwert das in unserem Bildungs- und Ausbildungssystem integrierte Training hin auf das gedruckte Wort die Erfassung konzentrierter mündlicher Textäußerungen.

In den Moderations- und Plaudertexten versucht man meist, an der Struktur der Umgangssprache festzuhalten. Probleme geben sich hier wie bei den Informationstexten vor allem aus einem zu hohen Sprechtempo. Ein normales liegt bei ca. 250 Silben/Minute. Nach Messungen liegt das Sprechtempo bei Nachrichtensendungen meist in der Nähe von 320/330 Silben/Minute, und steigt bei Korrespondenten und Moderatoren häufig noch darüber hinaus an.

Operieren die Rundfunksprecher dann noch mit komplexen Texten, d.h. mit großen Satzlängen, so kommt es zur Akzenthäufung, und diese vereitelt neben dem hohen Sprechtempo die Klarheit des Mitgeteilten.

Bei Hörspielen und Hörbildern (Features) muß der Hörer die räumliche Vorstellung aus den Geräuschen und die der Personen aus seiner Phantasie aufbauen. Damit ergeben sich Möglichkeiten, die Theater und Film nicht bieten.

3.5. Fernsehen

Stärker noch als der Hörfunk hat das Fernsehen die Lebensgewohnheiten und die gesellschaftlichen Bindungen der Menschen verändert. Der rasche Einzug der Fernsehgeräte in die Wohnzimmer, der ‚Fernsehrausch' der Anfangsjahre, die Tendenz zur immer stärkeren Ausweitung des Programms und der damit verbundene Reiz zum Dauerkonsum provozierten die Skepsis der Intellektuellen gegen das Medium und das kulturkritische Verdikt gegen die Entfremdung des Menschen von seinen natürlichen Bedürfnissen.

Die institutionelle Zuschauerforschung hat sich von Anbeginn darauf beschränkt, Einschaltquoten für das Programm insgesamt wie für einzelne Sendungen zu ermitteln, und hat aus den Sehbeteiligungswerten bzw. den personenbezogenen Nutzungsdaten auf Interesse, Zustimmung und Bedürfnisbefriedigung geschlossen. Dabei werden aber die Aufmerksamkeitsquote, ein ‚Kulissensehen' analog dem ‚Kulissenhören' beim Hörfunk, die Metakommunikation, d.h. die Gespräche neben dem Fernsehen und ähnliche ablenkende Tätigkeiten ignoriert.

Hatte man in der Anfangszeit der Fernsehwirkungsforschung gemutmaßt, die ‚Dauerberieselung', das ständige passive Verhalten werde allgemein zu einem Verfall der Kreativität, zu einem Verlust an produktiver Phantasie führen, so weisen neuere Untersuchungen aus, daß mit steigendem Fernsehkonsum „die Interaktionsqualität, d.h. die Fähigkeit zur differenzierten verbalen und verhaltensmäßigen Bewältigung von Familienalltag und -konflikten, ab und die affektive bzw. spannungsreiche Kommunikation" zunimmt. Für Kinder ergibt sich „eine besonders enge Beziehung zwischen hohem Fernsehkonsum und geringer Kommunikationsmenge, -dichte und -komplexität. Unabhängig sind die familiären Interaktionsqualitäten bzw. die Fernsehnutzungsmuster von Programmtypen" (Kübler 1979, 117). Zusammenhänge bestehen zwischen Fernsehkonsum und der

Schichtzugehörigkeit der Seher: „Selektivseher (mit besserer Interaktionsqualität) verfügen über formal bessere Schulabschlüsse, höher qualifizierte Berufe, ein überdurchschnittlich gutes Einkommen und mehr Freizeit, sind an Weiterbildung interessiert und nutzen die Medien komplementär und das F(ernsehen) gezielter, z.B. auch eher als Informationsquelle" (ebd.).

Problematisch ist für die Zuschauer die Reizflut, die häufig noch gesteigert wird durch das Anreichern der Bilder durch filmtechnische Mittel, vor allem im Informationsbereich. Im Alltag müssen Menschen nie mit einer derart komprimierten visuellen Informationsmenge und -dichte umgehen. Wird das Bildmaterial noch begleitet durch viel Text, der sich nicht auf die konkret gezeigten Ereignisse oder Gegebenheiten, sondern etwa über abstrakte Inhalte und Zusammenhänge berichtet, so zeigen sich negative kognitive Folgen. Bei zu weiter thematischer Entfernung von Bild und Text wird die Verarbeitung des Bildmaterials wie des Textes massiv behindert.

Insgesamt wird zu gelten haben, daß die möglichen Wirkungseffekte des Fernsehens umfangreicher sein werden als die bereits festgestellten. Das Fernsehen stellt über sein Programmangebot hinaus „eine eigene sozio-kulturelle Umwelt des modernen Menschen dar und beeinflußt gleichzeitig seine anderen Umwelten. Die Auseinandersetzung des einzelnen Menschen mit den Fernsehprogrammen hängt immer auch ab von der komplexen Vielfalt der Umwelten, in denen er lebt, von deren Verhältnis zum Fernsehen und von seinem eigenen Verständnis dieser Zusammenhänge" (Lüscher 1980, 248). Die Wirkungen des Fernsehens können sich deshalb beziehen „auf die Verhaltensweisen eines einzelnen Menschen, auf das Verhalten bestimmter Kategorien von Menschen (z.B. Kinder), auch Familien, Gruppen, Organisationen und Gesellschaften sowie auf die Beziehungen zwischen Individuen, Familien, Gruppen, Organisationen und Gesellschaften ... Da sich individuelles und soziales Leben in steter Entwicklung befindet, schlagen sich Effekte des Fernsehens nicht nur in manifesten Verhaltensweisen aller Art nieder, sondern auch in latenten Veränderungen, die unter Umständen nur indirekt oder nach einer gewissen Zeit beobachtet werden können" (Lüscher 1980, 248f.). Und langfristig angelegte Untersuchungen gibt es kaum in der Bundesrepublik.

4. Produktanalyse

Die Beschäftigung mit den medialen bzw. massenmedialen Produkten ist traditionell ausgerichtet auf den Inhalt, weniger auf die Form. Zudem hat die Philologie den sprachlichen Zweckformen weniger Aufmerksamkeit gewidmet als den poetisch-ästhetischen Gebilden. Fand eine Betrachtung oder Analyse sprachlicher Mittel und Merkmale statt, so war sie überwiegend einseitig. Beschäftigung mit der Sprache in der Presse, später dann in den publizistischen Medien allgemein, bedeutete vor allem ein Denunzieren dieser Sprache. Verkannt wurde von allen Sprachkritikern und Sprachpflegern, daß den medialen Produkten, speziell denen der Presse, das Verdienst zukam, die seit der frühneuhochdeutschen Zeit bis zur Höhe der Klassik entwickelte Schriftsprache, die zur Fern- und Massenkommunikation taugliche Hochsprache, allen Staatsbürgern zugänglich gemacht zu haben, ein Vorgang, den Hans Eggers als „Demokratisierung der Schriftsprache" bezeichnete. Die Zeitungsschreiber trugen dazu bei, im Austausch der Meldungen aus allen Regionen, die Gültigkeit der Einheitssprache durchzusetzen und „im Bemühen, gegenwärtiges Geschehen lebendig zu schildern – die Ausdrucksfähigkeit des Deutschen zu erweitern und zu erhöhen" (Eggers 1977, 129). Wenn Jean Paul die Zeitungen „Sprachwerkzeuge der Stunde" nannte und damit ausdrückte, daß die Sprache der Massenmedien unmittelbar den Sprachzustand der jeweiligen Zeit – und man darf hinzufügen – der jeweiligen Gesellschaft spiegelt, so bedarf diese Sprache zwar der Auseinandersetzung, dem Messen an Aufgabe und Funktion, nicht aber wütender und damit unreflektierter Kritik. Sie bedarf auch keiner von Kritikern und Sprachpuristen vorgegebenen DIN-Norm, keines sie einzwängenden Korsetts.

4.1. Abhandlung – Aufsatz

Von den redaktionellen Formen ist besonders die Abhandlung (Aufsatz) herauszustellen, ohne die eine Zeitschrift nicht zu gestalten wäre. Sie dient der sachlichen Zusammenfassung anliegender Fragestellungen und ihrer objektiven Klärung. Die Reihung von Gedanken zu einer bestimmten und für den Leser interessanten und wichtig erscheinenden Thematik wird schriftlich fixiert, der Gegenstand von allen denkbaren Seiten beleuchtet. Die Abhandlung geht über eine bloße Beschreibung des Gegenstandes hinaus, führt zu einem Urteil über ihn und gibt Ausblicke auf Entwicklungsmöglichkeiten oder naheliegende Untersuchungsgegenstände. Die Kunst bei einer Abhandlung liegt in der Vollständigkeit des Beschreibens, in der Nüchternheit des Vermittelns notwendiger Angaben bis zum äußersten Detail, im klaren Urteil. Die Persönlichkeit des Verfassers tritt zurück hinter den Gegenstand des Mitzuteilenden. Im Idealfall ist die Abhandlung Ausdruck der Gesamtbildung des Verfassers sowie Mittel, die Geisteskultur seiner Zeit voranzubringen. Abhandlungen werden primär für die Leser einer bestimmten Zeitschrift geschrieben; sie werden, wenn sie zentrale Zeitfragen und -probleme aufgreifen, aber auch zitiert und außerhalb der Leserschaft des Blattes diskutiert.

Beispiel 1:

Armut und Umwelt
Die Armen gehören zu den größten Mitverursachern des ökologischen Niedergangs. Vom Westen unterstützte Selbsthilfegruppen können das ändern.
Auf der Welt gibt es 157 Milliardäre und 20 Millionen Millionäre. Dem gegenüber steht ein Heer von Armen: 100 Millionen Menschen sind unterernährt, 400 Millionen obdachlos, 880 Millionen können weder lesen noch schreiben. Bei einer Weltbevölkerung, die Hochrechnungen zufolge Mitte 1999 die Grenze von sechs Milliarden erreicht haben wird, scheinen diese Zahlen immens: Etwa jeder sechste Erdenbürger blickt in eine trostlose Zukunft.

Doch es ist genau dieses Sechstel, das maßgeblich über die ökologische Zukunft der Erde bestimmt. Unwissenheit und Armut schaffen die Voraussetzung für Überbevölkerung: Eltern, die zum Überleben auf Kinder (-Arbeit) angewiesen sind, wollen von Verhütung nichts wissen. Ihre Armut (in Verbindung mit Analphabetismus) macht sie anfällig für ausbeuterische Großgrundbesitzer. Der nackte Existenzkampf zwingt Arbeiter und Kleinbauern dazu, den Regenwald zu roden und Grasland zu überweiden. Landwirtschaftliche Systeme geraten aus dem Gleichgewicht, Menschen fliehen in die Stadt, wo sie sich mit Gelegenheitsjobs durchschlagen oder als Bettler, Prostituierte und Müllsammler verdingen.

Die Armut in Städten wie Manila oder Mexico City ist also das Produkt einer Umweltzerstörung, die jeden angeht. Die treibhausgasverstärkende Waldrodung, Erosionen und Verwüstung in der „dritten Welt" betreffen auch die Menschen der „ersten Welt". „Armut ist ein Luxus, den wir uns nicht mehr länger leisten dürfen", schreibt Alan During vom Washingtoner Worldwatch-Institut in dem Buch „Die Armutsfalle". Sein Fazit: „Die Armen leiden nicht nur überproportional unter den ökologischen Schäden, die die Wohlhabenden anrichten, sie sind selbst auch die größten Mitverursacher des ökologischen Niedergangs geworden."

Dieser Trend ist jedoch keineswegs unumkehrbar. Wie einige hundert Müllmenschen in Payatas beweisen, kann gemeinsames Handeln Erfolge bewirken, etwa in Form von Sparprogrammen, die mit günstigen Darlehen belohnt werden. Dazu müßten sich die Armen in Selbsthilfegruppen organisieren, die aus eigenem Antrieb und nicht von Fremd-Interessen bestimmt tätig werden. Ein Anfang ist bereits gemacht. Inzwischen gibt es in den Entwicklungsländern mehrere hunderttausend solcher sogenannter Graswurzelorganisationen. Alan During schreibt dazu: „... ist das immer schnellere

Heranwachsen solcher Selbsthilfegruppen der hoffnungsvollste Trend an der Armutsfront."
  Spätestens seit der UN-Konferenz für Umwelt und Entwicklung 1992 in Rio sind die Zusammenhänge zwischen Armut und Umwelt klar. Institute wie die Weltbank und die Welthandelsorganisation unterstützen die Graswurzelbewegung. Die verstehen sich dabei als Vermittler zwischen Nord und Süd und nicht als bloßer Handlanger der Mächtigen. So könnten in der Globalisierung des Weltmarktes Chancen liegen, die Armut zu lindern. „Wenn wir den Entwicklungsländern wirklich helfen wollen, müssen wir bloß unsere Märkte für sie öffnen", schreibt Sheldon Richmann vom liberalkonservativen Wirtschaftsinstitut CATO in Washington. „Made in the Philippines" also als Rettung für die Müllmenschen? T.M.
(natur. September 1988, 36)

Die Abhandlung greift ein wichtiges und aktuelles Problem auf. Der Einstieg erfolgt über harte Fakten, die mit Zahlen und Daten belegt werden. Dann geht es in die Einzelheiten: Armut entsteht, weil Menschen in den Entwicklungsländern nicht verhüten, Analphabeten sind, ausgebeutet werden, zu ihrem eigenen Schaden den Regenwald roden und Grasland überweiden, in die Stadt fliehen.

Armut und Umwelt, die in der Titelzeile herausgestellt werden, hängen insofern zusammen, als erstere ein Produkt des rücksichtslosen Umgangs mit letzterem ist. Rodung, Erosion, Verwüstung trifft zuerst die Beteiligten, dann aber auch uns. Deshalb werden im Artikel Wege aufgezeigt zur Umkehr. Die Graswurzelbewegung wird als Beispiel für Selbsthilfe angeführt. Für sie gilt es, die Märkte zu öffnen. Kurz und in prägnanter Sprache werden die Dinge, um die es geht, eingeführt, von mehreren Seiten beleuchtet und durch das Aufzeigen von Konsequenzen klar beurteilt. Der Leser ist präzise informiert und mit einem nachdenklich machenden Fazit entlassen.

4.2. Bericht

Zentrale journalistische bzw. redaktionelle Form in der Zeitung ist der Artikel, der sich auf ein bestimmtes Ereignis oder Thema bezieht und als Bericht, Nachricht, Reportage, Interview, Kommentar, Glosse oder als Mischform eine funktionale Einheit bildet. Jeder Artikel hat als obligatorisches Gestaltungselement eine Überschrift, in der der Inhalt angekündigt wird.
  Im Bericht werden die Sachverhalte dargestellt und die Hintergründe dazu beleuchtet. Ursprünglich beruhte der Bericht auf der Augenzeugenschaft. Dann genügte das Sammeln, Ordnen und Darstellen selbst erarbeiteter oder kritisch übernommener Einzelheiten, die zu einem Ganzen zusammengesetzt werden. Berichte haben sachlich zu sein, bündig, klar, lückenlos, objektiv und glaubwürdig. Alle möglichen und notwendigen Gesichtspunkte sollten berücksichtigt werden, wobei parteiliche Stellungnahme ausscheidet. Es gilt die Prämisse: re-

lata refero. Während am Anfang der Berichterstattung im 17. Jahrhundert das über das Geschehen in der Ferne steht, gebührt heute der lokalen Berichterstattung ein breiter Raum, gestützt von den Interessen der Leser. Wirtschaftsberichte stehen in den Intelligenzblättern das 18. Jahrhunderts neben öffentlichen Bekanntmachungen und Anzeigen. Reise- und Kriegsberichte interessieren die Menschen schon lange. Die Sportberichterstattung kam erst Ende des 19. Jahrhunderts richtig in Schwung. Weitere Bereiche sind heute die Justiz, Kirche, Kultur, Bildung und Wissenschaft, Kunst, Technik, Verkehr, Natur, Umwelt, Beruf, Jugend, Frauen und Mode.

Sehr umfangreiche Berichte, etwa solche in den Wochenzeitungen *ZEIT* oder *WOCHE*, mit einem Umfang von mehr als 300 Zeilen werden heute häufig als Report bezeichnet. Sie benötigen einen sehr hohen Rechercheaufwand, behandeln meist sehr komplexe Themen und bieten eine anschauliche Darstellung wie eine gründliche Analyse.

Berichte sind heute weitgehend standardisiert:

Beispiel 2:

PARTEITAG Sozialdemokrat Erhard Eppler bei den Grünen
Beifall für den Stammvater.
Gastredner setzt nach 16 Jahren Kohl auf Rückkehr der Politik
Rückenstärkung von einem Sozialdemokraten: Gastredner Erhard Eppler, früherer SPD-Landesvorsitzender, macht den Grünen bei ihrem kleinen Parteitag Mut, mit einem offensiven Wahlkampf für eine rot-grüne Bundesregierung zu werben.
Von Bettina Wieselmann

Stuttgart. Als er 1989 gebeten worden war, zum zehnjährigen Bestehen der Grünen einen Beitrag für den Sammelband „Grüner Weg durch schwarzes Land" zu verfassen, hatte Erhard Eppler noch abgelehnt. Mag sein, daß ihn damals noch zu sehr schmerzte, „daß der Erfolg der Grünen in Baden-Württemberg mein Scheitern bedeutete". Am Samstag, beim kleinen Parteitag der Grünen in Stuttgart, ist dem einstigen SPD-Landes- und Fraktionschef die Wahlniederlage von 1980, verbunden mit dem ersten Einzug der Öko-Partei in den Landtag, nur diesen kleinen, abgeklärten Schlenker wert. Der 70jährige hat „inzwischen soviel Distanz zum taktischen Gerangel des Alltags, daß es mir ziemlich gleichgültig ist, wer das Nötige und Richtige tut, hauptsächlich es wird getan".

Das Allernötigste nach 16 Jahren Kohlscher „Durchwurstelei" ist für Gastredner Eppler die „Rückkehr der Politik" und damit die Absage an den neoliberalen Irrglauben, es reiche aus, wenn der Markt die Rahmenbedingungen setze. „Nur um zu entscheiden, wer vor den Kameras so tun darf, als ob er regiere, geht man nicht zur Wahl." Demokratie brauche den politischen Entwurf, es müsse einen „erkennbaren politischen Willen" geben.

Wer von den gebannt lauschenden Grünen darin auch Kritik am SPD-Kanzlerkandidaten Gerhard Schröder heraushört, hat den Redner nicht falsch verstanden. Mehr dazu aber versagt sich der Sozialdemokrat, der oft genug streng geurteilt hat, auch über Schröder. Es gibt, da ist er sicher, die Chance des Wechsels, und die darf nicht verspielt werden. SPD und Grüne dürfen sich also nicht gegenseitig (und untereinander) madig machen, sondern müssen gemeinsam den Wählern verständlich machen, wie der Kampf gegen die Arbeitslosigkeit und der Einstieg in die ökologische Steuerreform gelingen kann.

Epplers Forderung an die Grünen: „Wenn Sie hier hart bleiben, wird es sicher auch Sozialdemokraten geben, die sich an ihre eigenen Programme erinnern." Gebe es am 27. September eine regierungsfähige Mehrheit für SPD und Grüne, „wird kein Sozialdemokrat an der rot-grünen Koalition vorbeikommen, auch wenn er es möchte". Der Applaus der Grünen kommt von Herzen.

Keine Hand dagegen rührt sich, als der SPD-Politiker dafür wirbt, in jenen Wahlkreisen, wo die CDU das letzte Mal nur knapp das Direktmandat gewonnen hatte, grünes Interesse an der Erststimme zugunsten der SPD-Kandidaten zurückzustellen. Nur dann werde die CDU nicht über Gebühr durch Überhangmandate belohnt werden.

Grüne Wahlkämpfer sehen es anders: Die SPD lasse sich schließlich auch nie auf irgendwelche Absprachen ein, murrt später nicht nur Winne Hermann, grüner Gegenspieler von Herta Däubler-Gmelin im heiß umkämpften Wahlkreis Tübingen.

Am Ende hat der von der Grünen-Vorsitzenden Monika Schnaitmann respektvoll „Stammvater" genannte Eppler für die verlorenen Söhne und Töchter von einst weit mehr Ermutigung als Zumutung parat: „Heute, anders als vor 20 Jahren, sage ich Ihnen: Strengen Sie sich an, Sie werden gebraucht." Mit Standing ovations wird der Gastredner, den die Grünen nie so sehr wie zu diesem Zeitpunkt gebraucht hatten, verabschiedet. Der Wahlaufruf, „Gute Gründe, diesmal die Grünen zu stärken", wird ohne längere Debatte beschlossen.
(Südwestpresse 164/20. Juli 1998)

Beispiel 3:

Ovationen der Grünen für SPD-Vordenker
Gastredner Erhard Eppler bei kleinem Parteitag: nicht gegenseitig madig machen.
Von Brigitte Henkel-Waidhofer
Stuttgart (GEA) Erhard Eppler macht keinen Wahlkampf, weil er „weder lügen noch der SPD schaden" möchte. Am Wochenende trat er dennoch auf – vor einem kleinen Parteitag der baden-württembergischen Grünen. Dort war beides nicht gefragt: Der Vordenker und ehemalige Landeschef der SPD warb für das rot-grüne Projekt, ohne die Schwächen der beiden möglichen Koalitionspartner zu verschweigen – und wurde am Ende mit stehenden Ovationen gefeiert.

„Vor zwanzig Jahren", begann der einstige Bonner Entwicklungshilfeminister seine Rede mit einem Bekenntnis, „wollte ich verhindern, daß es in unseren Parlamenten grüne Fraktionen gibt." Das Thema eines ökologisch durchhaltbaren und zukunftsfähigen Wirtschaftens sei ihm so wichtig erschienen, daß er es zur Sache einer großen Volkspartei habe machen wollen. „Der damalige Kanzler wollte das nicht", so Eppler in Anspielung auf Helmut Schmidt, „und er war der Stärkere."

Längst ist der langjährige Vorsitzende der SPD-Grundsatzkommission überzeugt von der Notwendigkeit der Grünen. Er geht sogar so weit, vor allzu harter Konkurrenz im laufenden Wahlkampf zu warnen: „Wenn zwei Parteien miteinander regieren wollen, sollten sie sich gegenseitig nicht so madig machen, daß die Leute dann eine dritte wählen." Sozialdemokraten und Grüne könnten einander brauchen, sie könnten von einander lernen und sie ergänzten sich.

Daß ein Wechsel in Bonn not tut, davon ist Erhard Eppler überzeugt. Von der Vokabel „Politikwechsel" hält er allerdings gar nichts, weil keine Politik sei, was zur Zeit in Bonn gemacht werde. Das Wirtschaftswachstum, „also eine statistische Zahl", sei zum einzigen politischen Ziel erhoben und die Politik damit beschäftigt, den Markt zu entfesseln und sich selbst abzuschaffen. Im Grund sei der von Kohl und Westerwelle praktizierte Neoliberalismus „ein umgedrehter Marxismus-Leninismus". Für die Kommunisten sei ein privater Handwerker ein Ärgernis gewesen, gerade dann, wenn er tüchtiger war als ein volkseigener Betrieb. Und umgekehrt müßten sich demnächst auch städtische Wasserwerke dafür rechtfertigen, daß sie noch nicht privatisiert sind. „Das Neue, Raffinierte und Gefährliche an dieser Ideologie ist", erläuterte Eppler weiter, „daß sie als Überwindung aller Ideologien und als purer Pragmatismus auftritt."

Nur zwischen den Zeilen ließ Eppler erkennen, daß er beim SPD-Kanzlerkandidaten Gerhard Schröder durchaus Tendenzen in die kritisierte Richtung wahrnimmt. Außerdem, stichelte Eppler ein wenig, rühme sich Schröder, er habe einen Aufschwung gemacht, von dem seine politischen Freunde überzeugt sind, daß es ihn gar nicht gebe. „Die Solidität solcher Luftballone mit einer Stecknadel zu testen", so der SPD-Linke weiter, „würde mir Spaß machen." Und auch seine Nachfolger in Baden-Württemberg kamen nicht ungeschoren davon: Den Grünen sei es hierzulande besser gelungen, CDU-Wähler zu gewinnen, „denen so simple Werte wie Solidarität oder ein gesunder Wald wichtig sind". Daher wünsche er, daß sich die Grünen nicht verrückt machen lassen in den letzten zehn Wochen Wahlkampf: „Anders als vor 20 Jahren sage ich Ihnen heute: Strengen Sie sich an, Sie werden gebraucht."
(Reutlinger General-Anzeiger 164/20. Juli 1998)

Beispiel 4:

Parteien / SPD-Politiker: Rot-grün nicht madig machen
Eppler muntert die Grünen auf
Stuttgart. Der frühere baden-württembergische Landeschef der SPD, Erhard Eppler, hat seine eigene Partei und die Grünen dazu aufgefordert, sich im Wahlkampf „nicht gegenseitig madig zu machen". „Sozialdemokraten und Grüne können einander brauchen, sie können voneinander lernen und sie ergänzen sich", sagte Eppler auf dem Parteitag der Südwest-Grünen am Wochenende (Siehe Südwestumschau). In Weimar beschlossen die Ost-Landesverbände der Öko-Partei, zur Finanzierung des Aufbaus Ost eine befristete Abgabe auf Vermögen über zwei Millionen Mark zu erheben. Kleine und mittlere Unternehmen sollen damit vorrangig gefördert werden.
(Südwestpresse 164/20. Juli 1998 nach dpa/AP)

Beim Bericht haben Überschrift (Head) und Vorspann (Lead) die Aufgabe, den Leser zum Lesen zu animieren, ihn anzulocken, sich für den Inhalt zu interessieren. Sie sollen dem suchenden Leser den Einstieg eröffnen in eine ihm zusagende Thematik. Weiter sollen sie den Inhalt des Beitrages fixieren und zusammenfassen, sein Thema formulieren. Sie sollen wichtige Aspekte des vom

Journalisten zu Papier Gebrachten herausstellen, bereits eine Art Gewichtung im Verhältnis zu anderen Artikeln auf der Zeitungsseite oder der Zeitung herstellen. Sie sollen den Blickpunkt, unter dem der Artikel entstanden ist und unter dem er formuliert wurde, andeuten. Zuletzt sollen sie dem Leser signalisieren, daß vom Verfasser eine dem Thema angemessene Darstellungsform oder Textsorte ausgewählt wurde.

Um ihre Aufgabe erfüllen zu können, müssen Überschrift und Vorspann ein hohes Maß an Information enthalten, denn diese entscheidet darüber, ob der Leser, der meist zuerst alle Überschriften bzw. alle Überschriften und Vorspänne der Seite überfliegt, sich zur Lektüre des Berichtes entschließt.

Da es schwierig ist, gute Heads und Leads zu formulieren, übernehmen diese Aufgabe häufig die Chefs vom Dienst als erfahrene Journalisten. Das bedeutet, daß der Vorschlag eines freien Mitarbeiters oder eines jüngeren Redakteurs eventuell nicht angenommen und ausgetauscht wird.

Bei der Überschrift wird die Hauptzeile zuerst vom Leser wahrgenommen. Erhält dieser, wie in unserem Beispiel 2, die Information, ein (irgendwie gearteter) Stammvater habe Beifall bekommen, so wendet er entweder seine Aufmerksamkeit sofort einem anderen Artikel zu, oder er bemüht die weiteren Teile der Überschrift, um Aufklärung zu erhalten. Die Dachzeile enthält dann die wichtigsten Hinweise, nämlich den auf Erhard Eppler und den auf den Parteitag der Grünen. Die Hauptzeile des Beispiels 3 trifft dagegen ins Zentrum der Thematik des Artikels. Zugleich zeigt sich uns der Vorteil des dachzeilenlosen Titels, den heute die meisten Zeitungen verwenden. Dachzeilen passen nämlich nicht in den natürlichen Lesefluß, denn der Leser muß einen Schritt rückwärts gehen, um Interpretationshilfe für seine Lektüre der Titelzeile zu finden. Flüssig kann er dagegen die Folge von Titelzeile und Unterzeile konsumieren und erhält alle Angaben, die ihm die Lektüre des folgenden Berichts interessant machen können.

Beispiel 4 lenkt den Leser zwar besser als Beispiel 1. Trotzdem wird auch hier dessen natürlicher Lesefluß gestört. Animieren zur Lektüre kann ihn aber die Kürze des Berichts, der nur die Zusammenfassung zweier Agenturmeldungen bietet.

Der Vorspann ist die Fortsetzung der Überschrift und die Brücke, die von diesem in den Text selbst führt. Er hat die Aufgabe, den folgenden Text vorzustrukturieren, damit dieser optimal aufgenommen werden kann. Zuerst muß das Lead die Überschrift um wichtige Informationen ergänzen. Dann hat er den Inhalt des Haupttextes zusammenzufassen und die zentralen Gesichtspunkte herauszustellen. Wichtig ist, daß er zusammen mit der Überschrift eine Einheit bildet und nicht Teil oder Texteinstieg des folgenden Berichts ist. Bei vielen Tageszeitungen wird letzterer nämlich schlicht fett gedruckt, was die Funktion des Vorspanns ad absurdum führt.

Im Beispiel 2 wird mit dem modischen Doppelpunkt operiert! „Rückenstärkung von einem Sozialdemokraten: Gastredner Erhard Eppler, früherer SPD-

Landesvorsitzender, macht den Grünen bei ihrem kleinen Parteitag Mut, mit einem offensiven Wahlkampf für eine rot-grüne Bundesregierung zu werben." Damit gelingt es, in einem Satz ein Fazit zu ziehen, das Meldungscharakter besitzt und dem eiligen Leser bereits als Information über das Ereignis genügt.

Beispiel 3 bietet kein Lead, sondern den gefetteten Texteinstieg. Damit verschenkt die Autorin ein wirkungsvolles Element der Leserführung. Sie und die Redaktion setzen auf die Hoffnung, wenn der Leser schon in den Text eingestiegen sei, dann werde er auch die Lektüre weiterführen und eventuell sogar beenden.

Beispiel 4 enthält keinen Vorspann. Wie in der Überschrift wird auf die Knappheit des zu bewältigenden Textes gesetzt und davon abgeleitet auf die Erwartung, dieser könne zumindest überflogen werden.

Beim Bericht selbst spielen für die Entscheidung des Lesers, möglichst lange und möglichst bis zum Schluß dabeizubleiben, verschiedene Gesichtspunkte eine Rolle. Die wichtigste ist der übersichtliche und klar gegliederte Textaufbau. Im Standardbericht wird dabei nach dem Prinzip der auf den Kopf gestellten Pyramide oder des Kegels vorgegangen, bei dem im ersten Satz bereits die wichtigsten Antworten auf die journalistischen W-Fragen (Wer, was, wann, wo, wie) gegeben werden. Entstanden ist dieses Prinzip in den angelsächsischen Ländern im 19. Jahrhundert, um bei telegraphischer Übermittlung keinen Textverlust zu erleiden. Für die Setzer war es außerdem günstig, bei Platzmangel den Text vom Textende her zu kürzen. Nach 1945 wurde dieses Textaufbauprinzip den Deutschen von den alliierten Besatzern aufgezwungen. Es löste die Gewohnheit ab, Texte chronologisch zu gestalten, d.h. ein Ereignis von seinem Beginn bis zu seinem Ende zu schildern. Vor allem im Dritten Reich konnte damit gut manipuliert werden, indem die zentrale Aussage über eine Tatsache oder ein Ereignis einfach weggelassen wurde.

So sehr sich das Pyramidenprinzip durchsetzte, hat es auch Nachteile. Leser geraten leicht in Zweifel, weshalb sie denn weiterlesen sollen, wenn sie das Wichtigste bereits im ersten Satz oder ersten Abschnitt mitgeteilt erhalten. Seiteneinsteiger, die nach den Erkenntnissen der Leserforschung recht zahlreich sind, finden keinen Zusammenhang. Letztlich langweilt ein standardisierter Textaufbau, wenn er einem mehrfach auf einer Zeitungsseite oder gar über zahlreiche Seiten hin begegnet.

Beispiel 4 erfüllt konsequent das Pyramidenprinzip. Wichtig ist der Hinweis auf den ausführlichen Bericht auf der Seite ‚Südwestumschau'. Unsinnig dagegen sind die dem Artikel noch angehängten Sätze über Beschlüsse der Ost-Verbände der Grünen.

In Beispiel 3 wird der Inhalt der Rede Epplers wiedergegeben, zum Teil wörtlich, zum Teil zusammenfassend. Wer sich wirklich dafür interessiert, bekommt die zentralen Aussagen geliefert.

Beispiel 2 greift über die Redewiedergabe hinaus und schildert auch Reaktionen des Publikums auf diese. Der Abschlußsatz geht auf den in Dachzeile und

Lead genannten Parteitag der Grünen ein und erinnert daran, daß auf diesem auch ein Beschluß gefaßt wurde.

Die Beispiele 2 und 3 entstanden aus dem Miterleben der Autorinnen, aus ihrer Augenzeugenschaft. Eine solche ist planbar, wenn der Termin eines Ereignisses feststeht und ein Journalist Zeit hat, diesen wahrzunehmen. Sonst ist die Redaktion angewiesen auf Rechercheunterlagen, auf eingehendes Agenturmaterial oder auf das Angebot der PR- und Öffentlichkeitsinstitutionen.

Beispiel 5:

Rebellen verlieren Hochburg
Junik im Kosovo von serbischen Truppen eingenommen.
Pristina/Belgrad. (dpa) Serbische Sicherheitskräfte haben die seit zwei Wochen belagerte Ortschaft Junik nahe der Grenze zu Albanien eingenommen. Junik galt als die letzte strategisch wichtige Bastion, die der Kosovo-Befreiungsarmee UCK noch verblieben war.

Die serbische Polizei habe die „vollständige Kontrolle" über Junik, berichtete die amtliche Nachrichtenagentur Tanjug. „Versprengte Gruppen von Terroristen" – die amtliche Sprachregelung für die aufständischen Albaner – seien „in die umliegenden Wälder geflüchtet". Mehrere hundert Zivilisten seien über die Grenze nach Albanien, andere in die nahe Bezirksstadt Djakovica geflohen.

Am Freitag war der ARD Korrespondent Friedhelm Brebeck aus Jugoslawien ausgewiesen worden. Mit Empörung wies der Bayerische Rundfunk die Behauptung zurück, Brebeck und sein Team hätten in Junik Albaner zur Brandstiftung verleitet, um Stoff für Fernsehbilder zu bekommen. Das Bundesaußenministerium und der Deutsche Journalisten-Verband hatten schon zuvor gegen die Ausweisung protestiert.

Das serbische Vorgehen gegen die Aufstandsgebiete im Kosovo löste eine große Flüchtlingswelle aus und ging mit dem Niederbrennen ganzer Dörfer einher. Nach Angaben internationaler Hilfsorganisationen wurden mehr als 200 000 Albaner vertrieben. Mehrere zehntausend von ihnen harren in Wäldern unter freiem Himmel aus. Caritas und Diakonie kündigten an, daß sie ihre Hilfeleistungen für die Vertriebenen im Hinblick auf den nahenden Herbst verstärken wollen. Mehrere albanische Dörfer entlang der Hauptstraße Pec-Decani im Westen des Kosovo standen am Sonntag in Flammen, berichtete der Belgrader Sender B 92 vor Ort.

Verteidigungsminister Volker Rühe sagte gegenüber dem „Spiegel", notfalls sollte die Nato in den Kosovo-Konflikt gegen den Willen Rußlands eingreifen. „Wir dürfen angesichts einer Eskalation von Gewalt, brutalen Mordens und menschenverachtender Vertreibung mitten in Europa nicht erlauben, daß Rußland im Sicherheitsrat alles blockiert."
(Reutlinger General-Anzeiger 188/17. August 1998)

Hier gibt die Quellenangabe (dpa) hinter der Ortsmarke den Hinweis, daß es sich um einen Bericht der Deutschen Presseagentur handelt, den der zuständige Redakteur unbearbeitet, d. h. unverändert ins Blatt übernahm. Die Verantwortung für den Inhalt verlagert sich damit aus der Redaktion hin zur Agentur. Diese gibt ihrerseits Hinweise auf die Quellen, aus denen sie ihre Information bezieht. Typisch für Agenturen ist die Übernahme aus dem Material anderer Agenturen, da sie dies vertragsgemäß abgesichert hat. Zuerst wird die amtliche jugoslawische Agentur Tanjug zitiert, dann der Bayerische Rundfunk. Schließlich dienen als Quelle internationale Hilfsorganisationen bzw. deren Pressestellen. Konkret werden Caritas und Diakonie genannt. Schließlich ist der Belgrader Sender B 92 Gewährsinstitution für die Richtigkeit der Mitteilung. Zuletzt ist die Informationsquelle der deutsche Verteidigungsminister Rühe, der dem Magazin ‚Der Spiegel' ein Interview gewährte. Der Artikel setzt sich also aus einer Vielzahl von Einzelheiten zusammen, die sich um die Einnahme der Stadt Junik gruppieren lassen. Eine Zeitungsredaktion hätte keine Möglichkeit, in dieser Vielfältigkeit zu berichten, da ihr die Quellen fehlen.

Eine weitere direkte Übernahme bietet sich an bei Pressetexten, die der Redaktion kostenlos zur Verfügung gestellt werden:

Beispiel 6:

Bei Hitze die Kontrolle verloren
TÜBINGEN: Die vermutlich hitzebedingte Kreislaufschwäche eines 78jährigen Autofahrers aus Mössingen ist die Ursache eines Verkehrsunfalls, der sich gestern um 13.30 Uhr auf der B 27 kurz hinter dem Waldhörnle ereignete. Der Mössinger fuhr mit seinem Auto auf der Bundesstraße in Tübinger Richtung, als er in einer Rechtskurve zuerst die Gegenfahrbahn kreuzte und dann die steile Böschung hinunterfuhr, wo sein Wagen erst in einer Gartenhütte zum Stehen kam. Der leichtverletzte Fahrer wurde in die Klinik gebracht. An Auto und Hütte entstand 8000 Mark Sachschaden. Während der Bergung des Wagens durch die Feuerwehr war die Bundesstraße 27 von 14 Uhr an für eine knappe halbe Stunde komplett gesperrt, was zu erheblichen Verkehrsbehinderungen führte.
(Schwäbisches Tagblatt 166/22. Juli 1998)

Der Text entstammt der Pressemitteilung der Polizeidirektion Tübingen, SG Öffentlichkeitsarbeit vom 21. Juli 1998. Da er auf die Bedürfnisse der Zeitung bzw. deren Redaktion hin formuliert ist, braucht der Redakteur nicht einzugreifen.

In Eigenberichte von Redakteuren gehen zuweilen in wohl mehr als zulässigem Maße Formulierungen aus Pressestellentexten ein, ohne daß sie gekennzeichnet werden:

Beispiel 7:

Luftballons über der Ölbohrinsel Brent Spar
Juristischer Teilerfolg für Greenpeace
Shetland Inseln (taz) – Die Greenpeacler auf der besetzten Ölbohrinsel Brent Spar in der Nordsee konnten am Wochenende einen juristischen Teilerfolg feiern. Das

oberste schottische Zivilgericht in Edinburgh weigerte sich, einen Räumungsbefehl auszusprechen. Da mit einer Ausnahme die Namen der Besetzer nicht bekannt seien, so das Gericht, könne nur ein Räumungsbefehl gegen Kapitän Jon Castle ausgesprochen werden. Castle gilt in der internationalen Umweltbewegung als Legende. Seit der französische Geheimdienst 1985 sein Schiff, die Rainbow Warrior, vor der neuseeländischen Küste versenkt hatte.

Rund ein Dutzend Greenpeace-Aktivisten halten die mit mindestens 130 Tonnen Giftmüll belastete Bohrinsel seit dem 30. April besetzt. Sie wollen verhindern, daß der Ölmulti Shell die Rig im Atlantik versenkt, statt sie umweltgerecht an Land zu entsorgen. Greenpeace fürchtet, daß hier ein Präzedenzfall für den Entsorgungsnachweis geschaffen werden soll. Im Laufe der nächsten 20 Jahre stehen über 400 Bohrinseln in der Nordsee zur Entsorgung an. Die britische Regierung hat bislang kein schlüssiges Entsorgungskonzept entwickelt und genehmigte im Februar die Versenkung.

Bislang hat die Polizei keinen Versuch unternommen, den Räumungsbefehl gegen Jon Castle durchzusetzen. „Wir werden passiven Widerstand leisten, sobald Polizeibeamte versuchen, auf die Bohrinsel zu gelangen", erklärt der Kapitän, „es gibt Methoden, dies so schwer wie möglich zu machen. Über dem Hubschraubergelände schweben Ballons und Drachen, so daß ein Landen nahezu unmöglich ist." Hans-Jürgen Marter (taz 22. Mai 1995)

Der erste Abschnitt des Berichts, der vom juristischen Teilerfolg der Besetzer der Ölplattform Brent Spar, die vom Ölmulti Shell vor der schottischen Küste im Meer versenkt werden sollte, ist – wohl bei Gericht – eigenrecherchiert. Der weitere Teil übernimmt Formulierungen aus Greenpeace-Pressemitteilungen:

Die Umweltschützer wollen mit dieser Aktion verhindern, daß die schrottreife Industrie-Anlage mitsamt ihrem hochgiftigen Inhalt im Atlantik versenkt wird. Der Ölkonzern Shell will sich auf diese billige Art aus der Pflicht zur umweltgerechten Entsorgung der Altanlage stehlen.
Im Tank und in den Rohrleitungen der ‚Brent Spar' lagern über 100 Tonnen Giftschlamm aus einem Cocktail von Öl, chlorhaltigen Substanzen wie PVC und PCB sowie Schwermetallen wie Arsen, Cadmium und Blei. Darunter sind auch mehr als 30 Tonnen radioaktiver Abfall aus der langjährigen Ausbeutung des Brent-Ölfeldes. Schwach radioaktive Substanzen aus den Salzgesteinen wurden bei der Erdöl-Förderung konzentriert.
„Wenn die Brent Spar auf hoher See versenkt wird, könnte dies ein Präzedenzfall für rund 400 Nordsee Offshore-Anlagen werden, die in den kommenden Jahren außer Dienst gestellt werden sollen", sagt Greenpeace-Experte Jörg Naumann an Bord der Boby Dick. „Das Verklappen von giftbeladenen Ölplattformen trägt zusätzlich zur Vergiftung der Nordsee bei."
Die Erlaubnis für diese Giftmüllentsorgung hatte die englische Regierung auf der Basis eines Gutachtens von Shell im vergangenen Februar erteilt. Die Vorbereitungen für die Versenkung der Plattform sollen einen Monat vor dem Ministertreffen zur 4. Internationalen Nordseeschutzkonferenz in Esbjerg, Dänemark, beginnen. Anfang Juni sollen sich die europäischen Umweltminister in Esbjerg über die Beendigung von Einträgen giftiger Substanzen in die Nordsee einigen.
(Greenpeace Pressemitteilung vom 30. April 1995)

> Rund ein Dutzend Aktivisten aus vier Ländern halten die mit mehr als 130 Tonnen Giftmüll belastete Ölplattform nordöstlich der Shetland-Inseln seit dem 30. April besetzt. Sie wollen verhindern, daß Shell diese Plattform im Meer versenkt, statt sie umweltgerecht an Land zu entsorgen. Die ‚Brent Spar' ist ein Präzedenzfall für insgesamt rund 400 kontaminierte Plattformen, die in den nächsten Jahren ausgedient haben und in der Nordsee und dem Atlantik versenkt werden könnten.
> (Greenpeace Pressemitteilung vom 13. Mai 1995)

> Die ‚Brent Spar' wird seit 18 Tagen von rund einem Dutzend Greenpeacer aus Deutschland, Großbritannien und den Niederlanden besetzt gehalten. Mit dieser Aktion protestieren sie gegen die von der britischen Regierung genehmigte Versenkung der mit 130 Tonnen Giftmüll belasteten Shell-Plattform.
> (Greenpeace Pressemitteilung vom 17. Mai 1995)

Insgesamt ist der *taz*-Bericht einseitig wertend. Er ist ausschließlich aus der Perspektive von Greenpeace geschrieben. Gegenargumente, wie sie zahlreich in Pressemitteilungen von Shell dargelegt waren, werden ignoriert. Im letzten Abschnitt wird Greenpeace-Kapitän Jon Castle durch die Zuspitzung seiner Äußerungen zum Helden emporstilisiert.

Die Einseitigkeit zugunsten von Greenpeace bleibt in der *taz*, solange sie über den Fall Brent Spar berichtet. Der Korrespondent, den *taz* auf den Shetland-Inseln postierte, bringt zwar eigene Beobachtungen, eigene Recherchen. In der Sichtweise und Wertung seiner Berichte ist er aber abhängig von den Greenpeace-Vorgaben. Vor allem werden Behauptungen und Formulierungen aus deren Quellen auch ohne Kennzeichnung übernommen. Shell erscheint nur in einer negativen Sicht, während z. B. die *Frankfurter Allgemeine Zeitung* im gleichen Zeitraum nahezu ausschließlich aus den Presseerklärungen des Konzerns zitiert. Zudem verschiebt sich bei der *FAZ* der Konflikt von den direkt beteiligten Greenpeace und Shell zu einem solchen zwischen der deutschen und der britischen Regierung. Das konkrete Ereignis wird zum Anlaß, das britische Wirtschaftssystem und die Regierung in London zu kritisieren:

> In der Tat versucht die britische Regierung, die Ölindustrie zu fördern und den – für den Außenhandel so wichtigen – Industriezweig nicht mit zu schroffen Auflagen zu belasten. Gleichzeitig schielt die Regierung auf ihr Steuereinkommen. Da die Entsorgungskosten von den Steuern abgesetzt werden können, reduzieren aufwendige Demontageprogramme das Steuereinkommen des britischen Fiskus.
> (Streit um die Versenkung der Ölplattform von Shell in der Nordsee, FAZ 26. Mai 1995)

Wird das von den Alliierten oktroyierte Gebot der Trennung von Fakten und Meinung in der Berichterstattung der großen Politik, Wirtschaft etc. schon weitgehend ignoriert, so verschwindet es quer durch die Sparten, um im Feuilleton völlig aufgehoben zu werden. Berichte über Kulturereignisse enthalten fast immer explizierte Wertungen.

Beispiel 8:

Festspielgraus
Das neu eröffnete BADEN-BADENER FESTSPIELHAUS wird durch dubiose Unterhaltungs-Manager auf Grund gesetzt – die nun zur Belohnung das Berliner Metropol-Theater übernehmen sollen.
(von Jürgen Berger)

 Baden-Baden sieht nach Geld aus, hat aber keines und darf seit neuestem ein luxuriöses Festspielhaus abstottern, das sperrig ins idyllische Kurstadtambiente ragt. Letztes Jahr noch großspurig als erstes privatwirtschaftliches Mega-Kulturunternehmen ohne öffentliche Zuschüsse angekündigt, entpuppte es sich schnell als Mogelpackung einer Betreibergesellschaft, bei der am Ende die Öffentliche Hand zur Kasse gebeten wird. Das Land Baden-Württemberg zahlt jährlich 5 Millionen, während sich die Stadt Baden-Baden mit einer Ausfallbürgschaft von mehr als 3 Millionen Mark der Stuttgarter Dekra Promotion GmbH ausgeliefert hat, die flott florierende Event-Spiele verspricht, derzeit aber munter das Festspielschiff versenkt.

 Überraschend kommt das nicht, da der Geschäftsführer der Betreibergesellschaft, Rainer R. Vögele, Anfang der 90er Jahre schon einmal als Stuttgarter Messechef ein finanzielles Desaster hinterließ und einen Strafbefehl wegen „fremdnütziger Untreue" kassierte. Verwunderlich ist schon eher, dass der Zahlenzampano mit seinem Konzept eines sich selbst tragenden Festspielhauses tatsächlich Landes- und Kommunalpolitiker über den Tisch ziehen konnte (*DIE WOCHE* vom 11. Juli 1997).

 Das neue Baden-Badener Haus zählt zu den größten Europas, normal verdienende Opernfreunde allerdings können es sich auf Grund von Eintrittspreisen bis zu 600 Mark nur von außen ansehen. So war denn auch vorgesehen, dass Deutschlands Geldadel zu den Opern und Konzerten einfliegt, die Festspielwirklichkeit allerdings sieht düster aus. Nicht einmal die ortsansässige Medien- und Kulturschickeria zeigt Interesse: Zur Premiere von Verdis „I Masnadiere" am 8. Juni etwa, dargeboten immerhin durch das Londoner Royal Opera House Covent Garden, wurden ganze 170 Karten verkauft. Zufriedenstellend für eine kleine Studentenbühne, katastrophal für ein Haus mit 2500 Sitzplätzen. Als einen Tag zuvor Placido Domingo zum Taktstock griff, gingen ganze 362 Karten über die Theke. „Die Zahlen stimmen in dieser Größenordnung", bestätigt der Geschäftsführer der Festspielgesellschaft, Klaus Klein, widerwillig, während sein Stuttgarter Vorgesetzter noch emsig damit beschäftigt ist, die Platzausnutzung schönzurechnen. 66 Prozent habe man sich vorgenommen, bei durchschnittlich 58 Prozent sei man bisher gelandet, gibt Vögele zu Protokoll. Wie er auf den Schnitt kommt, wenn teilweise nur 7 Prozent der Karten verkauft wurden, bleibt sein Geheimnis.

 Und auch, warum er nicht als seriöser Geschäftsmann reagierte und Alarm schlug. Stattdessen agiert Vögele nach altem Muster und jongliert mit Geld, das er gar nicht hat. Als sich das Karten-Desaster abzeichnete, ließ er Freikarten an Musikhochschulen verteilen. Ja, er habe Karten am Ende tatsächlich für 40 bis 90 Mark verkaufen lassen, bestätigt er – was die Besitzer der Vollpreis-Karten nicht amüsiert haben dürfte.

 Nun macht sich Weltuntergangsstimmung breit. Baden-Badens neue Oberbürgermeisterin Sigrun Lang, erst seit Anfang Juni im Amt, darf sich gleich als Feuerwehr versuchen. Eine ihrer ersten Amtshandlungen: Sie traf sich mit Vögeles Chef, Gerhard Zeidler, dem Vorstandsvorsitzenden der Dekra Holding AG. Statt die sofortige Ablösung des Managements bekannt zu geben, deckte Zeidler Vögele: Das Festspielmanagement werde trotz „Anlaufschwierigkeiten" nicht ausgetauscht. Eine Sprachregelung, die die Berliner Kulturverwaltung im ersten Moment wieder beruhigt haben dürfte. Auch dort geht Vögele gerade mit seinem Event-Bauchladen hausieren. Am 3. September soll das traditionsreiche Berliner Metropol-Theater als Operettenbühne wieder eröffnet werden. Kultursenator Peter Radunskis (CDU) Favorit: Rainer R. Vögele. Der recycelt für Berlin eine Mumie des deutschen Theaterbetriebs: Günter Könemann, der als Karlsruher Generalintendant jahrzehntelang dafür sorgte, dass man schleunigst am Badischen Staatstheater vorbeifuhr, soll künstlerischer Leiter des Metropol werden.

Könemann wartet denn auch mit einem der üblichen Ramschkonzepte aus dem Hause Vögele & Co auf, bestehend aus Inszenierungen wie Lehárs „Paganini", Offenbachs „Die Banditen" oder Johann Strauß' „Eine Nacht in Venedig". Zudem schlägt er den Kult-Regisseur des deutschen Sprechtheaters, Luc Bondy, vor, ohne dass es dafür eine feste Absprache gebe, wie eine Mitarbeiterin des Regisseurs bei den Wiener Festwochen bestätigt.

Wie dem auch sei, weder der Baden-Badener Desaster noch das schnell hingewurstete Metropol-Konzept lassen bei Berlins Kultursenator Zweifel an der Seriosität seines Lieblingsbetreibers aufkommen. „Die Anlaufprobleme der Dekra Promotion GmbH in Baden-Baden spielen für uns überhaupt keine Rolle. Die Dekra hat ein hervorragendes künstlerisches und wirtschaftliches Konzept für das Metropol vorgelegt, an dem wir festhalten und mit dem nach unserer Überzeugung ein hervorragendes Operettenprogramm gemacht werden kann", formuliert Radunskis Pressesprecher, Axel Wallrabenstein. Legte man das Kriterium „Wirtschaftlichkeit" an, schiebt er nassforsch nach, müsste jedes deutsche Opernhaus schließen.

Der gute Mann übersieht, dass Vögele die baden-württembergischen Millionen mit der Behauptung lockergemacht hat, der Baden-Badener Festspielbetrieb werde sich alleine tragen. Und er übersieht, dass die Dekra Promotion GmbH schon kurz nach ihrem Start Mitte April einen Dispositionskredit von 1 Million Mark bei der Sparkasse Baden-Baden in Anspruch nehmen musste. „Mit dem Dispositionskredit haben wir die Ausstattung des Festspielhauses für den Eigentümer vorfinanziert", behauptet Vögele und sorgt damit für ein tiefes Zerwürfnis hinter den Kulissen. Denn nun sieht sich der Bauherr des Festspielhauses, Walter Deyhle, diskreditiert und geht mit den Fakten an die Öffentlichkeit: Der Investor von Multiplex-Kinos und Musical-Theatern war 10 Millionen unter den veranschlagten Baukosten von 120 Millionen Mark geblieben und hatte daraufhin dem Baden-Badener Gemeinderat empfohlen, 7 Millionen des ersparten Geldes für die Ausstattung des Hauses zur Verfügung zu stellen. Mit dem jetzigen Dispositionskredit, so Deyhle, könne Vögele eigentlich nur Liquiditätsprobleme überbrückt haben.

Deyhle ist sichtlich enttäuscht, dass eine sparsam gebaute Luxuslimousine von den Betreibern schon nach kurzer Zeit an die Wand gefahren wird. „Man kann nicht Covent Garden holen, René Weller als prominenten Zuschauer präsentieren und ansonsten vor fast leerem Haus spielen", sagt Deyhle und plädiert vehement für eine Umbesetzung des Managements, was die Berliner Gegner von Radunskis Metropol-Plänen mit Interesse hören dürften.

Der Vorschlag des dortigen Kultursenators muss noch Senat und Parlament passieren. Alice Ströver, kulturpolitische Sprecherin der Bündnisgrünen, bezweifelt allerdings stark, dass das Metropol tatsächlich demnächst unter Vögele den Betrieb wieder aufnehmen wird. „Wir haben die leidvolle Erfahrung des Metropol-Konkurses unter René Kollo hinter uns und angesichts des Betreibers Dekra Promotion GmbH das Gefühl, vom Regen in die Traufe zu kommen", sagt sie. Ströver sieht sich jetzt mit einer Unterlassungsverfügung von Vögele konfrontiert, da sie ihn angesichts einer Vorgeschichte als „Bankrotteur" bezeichnet hatte.

Im Süden der Republik sind derweil die Verantwortlichen für das Festspielhaus-Desaster bis auf weiteres von der Bildfläche verschwunden. Baden-Badens Ex-Oberbürgermeister Ulrich Wendt ist plötzlich nirgends mehr aufzutreiben, und der erste Vorsitzende des Festspielhaus-Freundeskreises sonnt sich derzeit lieber im Glanze der Jenoptik-Aktie: Der ehemalige Landeschef Lothar Späth war Hauptinitiator des Festspielhauses und sprach vor einem Jahr noch davon, Baden-Baden sei „der Einstieg in die privatwirtschaftliche Finanzierung von Spitzenkultur".

Er soll auch den Kontakt zwischen Vögele und Radunski hergestellt haben. Für Nachfragen aber kann ihn sein Büro momentan einfach nicht finden. David Copperfield kann dafür auf keinen Fall verantwortlich gemacht werden, denn der will erst im Oktober 13 Zuschauer von der Bühne des Baden-Badener Festspielhauses zaubern. Sollten so viele den Weg dorthin nicht finden, hat Copperfield ein Problem. Die Herrn Vögele & Co vortreten, bitte!
(Die Woche 26. Juni 1998)

Die Fakten- und Meinungstrennung ist ebenfalls aufgehoben bei Hintergrundsberichten, bei denen die Aktualität zurücktritt, um einem ausführlichen Erwägen der Gründe für ein Ereignis und dessen Folgen Raum zu lassen.

Beispiel 9:

IRLAND / Nach dem Bombenattentat von Omagh
Der Spaltpilz sitzt tief
Der innerparteiliche Konflikt in der IRA wird mehr als deutlich: Neue Terrororganisationen spalten sich ab.
Von Hans-Joachim Werbke, London

Weniger als fünfzig Stunden nach dem Bombenterror von Omagh waren die ersten fünf mutmaßlichen Täter in Haft genommen. Unter ihnen der 19jährige Sohn eines prominenten Sprechers des „Komitees für die 32 souveränen Grafschaften", das als politischer Arm der Real IRA („Wahre IRA") gilt, der die Bluttat vom letzten Sonnabend angelastet wird. Mit der Bezeichnung „32 souveräne Grafschaften" – 26 in der Irischen Republik und sechs in der nordirischen Ulsterprovinz – wird der irisch-republikanische Vereinigungsanspruch auf Gesamt-Irland unterstrichen, den das Karfreitagsabkommen der am Friedensprozeß beteiligten Parteien in die Nähe des Sankt-Nimmerleins-Tags verschoben hat. So lange nämlich, wie sich die Mehrheit der Bevölkerung politisch für den Verbleib im Vereinigten Königreich ausspricht.

Die Zustimmung der Sinn-Fein-Führung zum Karfreitagsabkommen und die Wahl des Sinn-Fein-Präsidenten Gerry Adams und seines Stellvertreters Martin McGuinness in die nordirische Landesversammlung mit Aussicht auf zwei Ministerposten der künftigen autonomen Verwaltung haben den innerparteilichen Konflikt hervorgerufen, als dessen Resultat sich die Real IRA von Sinn Fein und der eigentlichen IRA abgesplittert hat.

Neues Sicherheitspaket
Nordirland-Minister Mowlam und der irische Justizminister John O'Donnaghue haben nun ein Sicherheitspaket geschnürt, das den Bombenlegern endgültig das Handwerk le-

gen soll. In drei Punkten wurden sie sich einig. Erstens Inhaftierung ohne Prozeß; zweitens „kurze Beweiswege" zur Strafanklage aufgrund eines Strafantrags mittelhoher Polizeichefs; drittens bessere Sicherung der irisch-nordirischen Grenzen und eventuelle übergreifende Verfolgungen nach dem Muster des Schengen-Abkommens auf dem Kontinent.

Beide Regierungschefs, Blair und Ahern, hatten sich sogleich nach dem Anschlag von Omagh getroffen und dem neuen Terrorismus den Kampf angesagt. Den zügigen Maßnahmen sind bereits erste Erfolge beschieden. Die paramilitärischen Organisationen der unionistischen Splittergruppen haben zugesichert, sie würden den Waffenstillstand einhalten und keine Revanche wegen des Omagh-Bombenanschlags nehmen. Auch die Splittergruppe der Irisch-Nationalistischen Befreiungsarmee (INLA) erklärte, ein bewaffneter Kampf sei nicht länger gerechtfertigt.

Nun wird es auf das Verhalten der Sinn-Fein-Führung einerseits und der widerspenstigen Unionisten andererseits ankommen, die das Karfreitagsabkommen als einen Ausverkauf an die Interessen der nationalistischen Republikaner betrachten. Beim Zustandekommen des Karfreitagsabkommens blieb die Paisley-Partei außen vor. Die Wahl ihrer Vertreter in die Landesversammlung nutzt sie zur mehr oder minder deutlichen Sabotage an der Friedensprozeß-Vereinbarung.

Um die Sicherheit zu stärken und weitere Terrorakte zu verhindern, die in Omagh übrigens unter den Todesopfern und Verletzten Angehörige beider Konfessionen, der katholischen wie der protestantischen, traf, werden die Regierungen die Gesetze großzügig auslegen müssen. Irland kann dabei auf sein Gesetz aus dem Jahr 1939 zurückgreifen, wonach Vergehen gegen den Staat mit Internierung und mit einem Verbot von feindlichen Organisationen geahndet werden können. Da viele Terroristen ihren Wohnsitz und Wirkungskreis in der Republik haben, wird Dublin Farbe bekennen müssen.

Lauschangriff nötig

Tony Blairs Aufforderung an Sinn Fein zur Mithilfe bei der Aufbringung der Terroristen wird bei der dort herrschenden Kameraderie wohl auf taube Ohren stoßen. Wenn jedoch der Polizei gezielte Lauschangriffe auf mutmaßliche Terroristen erlaubt und als Beweismittel gestattet werden, könnten auch Erfolge erzielt werden. Auch die Beschlagnahmung von Geldmitteln bei Verdacht der Finanzierung von Terrormaßnahmen gehört in den Katalog künftiger Sicherheitsmaßnahmen.

Politiker sind jedoch auf Unterstützung der einzelnen Bürger angewiesen, das Vertrauen in das Karfreitagsabkommen aufrechtzuerhalten, dem 71 Prozent in Nordirland und 90 Prozent in der Republik in einem Volksentscheid zugestimmt haben.
(Rheinische Merkur 34/21. August 1998)

Der Hinweis, daß der Berichterstatter ein Journalist mit Sitz in London ist, soll den Lesern dessen besondere Kompetenz für die Materie suggerieren. Er versucht dies zu bestätigen, indem er möglichst alle Fakten beleuchtet, alle Positionen erörtert und alle Möglichkeiten aufzuzeigen.

Aufgehoben ist die Fakten- und Meinungstrennung wie selbstverständlich auch in der Sensationsberichterstattung, wie sie vor allem die Boulevard-Zeitungen pflegen:

Beispiel 10:

> Keine Chance mehr für Diebe: Fingerabdruck des Besitzers wird auf Chip gespeichert.
> **Neue Polizeipistole schießt nur in den richtigen Händen.**
> Von Friedemann Weckbach-Mara
> Die Labortests sind schon abgeschlossen, das Patent (G1028/DE) ist beim Europäischen Patentamt angemeldet. In den nächsten Wochen beginnt in der Waffenfirma Breinlinger im baden-württembergischen Tuttlingen der Alltagstest für eine sensationelle technische Entwicklung: Eine neue Pistole für Polizei und Zoll erkennt über Sensoren am Griff, ob der Eigentümer oder ein Fremder die Waffe in die Hand nimmt. Nur wenn die Fingerabdrücke des Benutzers mit den Daten des Mikrochips übereinstimmen, geht der Schuß auch los, sonst wird der Bolzen blockiert, der Abzugshahn bleibt wirkungslos.
> Wären sie bereits mit der neuen Waffe ausgerüstet gewesen, könnten viele Sicherheitsbeamte noch leben, die mit ihrer eigenen Pistole erschossen wurden. Zuletzt traf es die beiden Zöllner Ralph Schulze und Thomas Haupt. Ihr Mörder hatte Haupt die Dienstpistole aus dem Holster gezogen.
> Hermann Lutz, Vorsitzender der Gewerkschaft der Polizei (GdP), zur BamS: „Die Neuentwicklung von Tuttlingen ist ein Durchbruch zu mehr Sicherheit. Wenn die Waffe jetzt den Alltagstest besteht, wird das ein riesiger Fortschritt für Polizei, Zoll und Justizvollzugsbeamte. Hätten wir diese Waffe schon früher gehabt, würden nicht nur die beiden Zöllner Schulze und Haupt noch leben, sondern auch manche Geiselnahme wäre sofort beendet worden. Denn wenn jeder weiß, daß ein Geiselnehmer mit den Pistolen der Polizei nichts anfangen kann, verliert seine Drohung den Schrecken."
> Die neue Pistole soll höchstens 200 DM teurer sein als herkömmliche, so der Hersteller. Außerdem könnten alte Waffen für 300 bis 400 Mark mit dem Sicherheitssystem nachgerüstet werden.
> Hermann Lutz will die neue Sicherung auch für private Schußwaffen: „Wenn sich das System dauerhaft bewährt, wird es auch für private Waffenbesitzer sinnvoll. Dann können Unbefugte wie Kinder und Jugendliche nicht unerlaubt mit den Waffen schießen."
> Auch der innenpolitische Sprecher der CDU/CSU-Bundestagsfraktion, Erwin Marschewski, erklärte gegenüber BamS: „Wenn sich die Waffe in der Praxis bewährt, ist das eine gute Sache, und wir sollten davon Gebrauch machen. Denn dadurch wird jeder Diebstahl sinnlos."
> (Bild am Sonntag 29/19. Juli 1998)

Die „sensationelle technische Entwicklung" ist einen Bericht wert, der von Euphemismen strotzt. Bezeichnenderweise werden diese Experten in den Mund gelegt wie in den Zitaten „ein Durchbruch zu mehr Sicherheit", „ein riesiger Fortschritt für Polizei, Zoll und Justizbeamte". Sehr häufig wußten von Bild genannte Experten nichts von den Aussagen, die sie angeblich gemacht hatten.

Für das Internet stellen Zeitungen und Zeitschriften heute Berichte bereit, die den Nutzer schnell informieren sollen, die ihm zugleich aber die Möglichkeit geben, über Links weitere Information zu erhalten, sich umfassendere Kenntnisse, vor allem solche des Hintergrunds, anzueignen.

Bericht 41

Beispiel 11:

VERTRIEBENE
Tausende spurlos verschwunden
Das Schicksal mehrerer tausend Kosovo-Flüchtlinge ist weiter ungewiß. Britischen Informationen zufolge treiben jugoslawische Truppen die Flüchtlinge gewaltsam ins Landesinnere und werden dort möglicherweise als menschliche Schutzschilde mißbraucht. Belgrad spricht dagegen von freiwilliger Rückkehr in das Kosovo.
mehr ...
. Reportage: Suche nach Lebenszeichen
. Scharping: Kritik an Nato-Pressepolitik
. Nato: Luftangriffe auf Regierungsviertel
. USA: Wir hängen drin, jetzt müssen wir gewinnen
. US-Soldaten: Spekulation um Freilassung
. Möllemann: Kopfgeld auf Milosevic
. Nato: Truppeneinsatz heftig umstritten
. Interview: Nato schlittert in ein militärisches Abenteuer
. Kommentar: Wann beginnt die Schlacht?
. Jelzin: Keine Waffen an Jugoslawien
. Starker Staat: Rußlands verbaler Krieg gegen Amerika
. Bilder-Tagebuch: Krieg in Jugoslawien – 8. April 99
. Weitere Artikel zum Kosovo-Krieg

VERTRIEBENE
Tausende spurlos verschwunden
Das Schicksal mehrerer tausend Kosovo-Flüchtlinge ist weiter ungewiß. Britischen Informationen zufolge treiben jugoslawische Truppen die Flüchtlinge gewaltsam ins Landesinnere und werden dort möglicherweise als menschliche Schutzschilde mißbraucht. Belgrad spricht dagegen von freiwilliger Rückkehr in das Kosovo.
Skopje/Frankfurt – Am Tag nach der Räumung eines Flüchtlingslagers im mazedonischen Blace ist das Schicksal von Tausenden Vertriebenen aus dem Kosovo weiter ungewiß. Wie das UN-Flüchtlingskommissariat UNHCR am Donnerstag mitteilte, ist der Verbleib von rund 10 000 Menschen aus dem Lager unklar.
Unterdessen liegen dem UNHCR Augenzeugenberichte vor, denen zufolge flüchtende Kosovo-Albaner von jugoslawischen Truppen systematisch zum Verbleib im Land gezwungen werden. Das UNHCR habe entsprechende Berichte von Kosovo-Albanern erhalten, die zu Fuß von Istok in die jugoslawische Teilrepublik Montenegro geflohen seien, erklärte die Organisation am Donnerstag in Genf. Den Augenzeugen zufolge seien viele Flüchtlinge während des Fußmarsches gestorben. Andere seien von serbischen Polizisten zur Umkehr gezwungen worden.
Die britische Ministerin für internationale Entwicklung, Clare Short, sagte, serbische Einheiten trieben die Flüchtlinge ins Innere der Provinz zurück. Womöglich sollten die Menschen als Schutzschilde gegen die Nato-Angriffe benutzt werden, sagte Short in London. Ihr Aufenthalts- und Zielort seien nicht bekannt. Die britische Regierung

werde das Schicksal der Menschen aber genau beobachten und den jugoslawischen Präsidenten Slobodan Milosevic für denen Sicherheit verantwortlich machen.
Die Flüchtlinge waren am Dienstag auf jugoslawischen Gebiet ins Landesinnere zurückgegangen, nachdem die Behörden die Grenzen nach Albanien geschlossen hatten. Das serbische Staatsfernsehen berichtete unterdessen, die Menschen gingen freiwillig in ihre Heimatorte im Kosovo zurück. Gezeigt wurden Bilder mit langen Autoschlangen und Ortsschilder, die ins Landesinnere wiesen. Die Menschen hätten ursprünglich nach Mazedonien ausreisen wollen, sich dann aber entschieden, in ihre Heimat zurückzukehren, hieß es in dem Bericht. Bis zum frühen Abend trafen 840 Vertriebene auf deutschen Flughäfen ein; allein in Nürnberg waren es 630, darunter zahlreiche Kleinkinder. Rund 400 weitere Flüchtlinge wurden bis zum späten Abend noch erwartet. Eine erste Maschine mit Flüchtlingen war bereits am Mittwoch nachmittag in Nürnberg gelandet. Auf dem Flughafen Hannover kamen mit einer LTU-Maschine aus Skopje in Mazedonien 210 Flüchtlinge an, zumeist Frauen und Kinder. Auch einige Kranke waren dabei, wie ein Sprecher des Innenministeriums mitteilte. Sie sollten zunächst in die zentrale Anlaufstelle des Landes in Braunschweig gebracht und nach einigen Tagen auf verschiedene Kommunen verteilt werden. Deutschland hat sich zur Aufnahme von insgesamt 10000 Flüchtlinge bereit erklärt. Unterdessen erklärte der österreichische Außenminister Wolfgang Schüssel, sein Land sei zur Aufnahme von 10000 Vertriebenen aus der serbischen Provinz bereit. Auch die slowenische Regierung schlug dem Parlament die Aufnahme von rund 4300 Flüchtlingen vor. Nach Angaben von Innenminister Borut Suklje sind seit Beginn der Kämpfe im Kosovo im März vergangenen Jahres bereits 2700 Albaner nach Slowenien geflohen.
(SPIEGEL Online, Homepage v. 9. April 1999)

Der Appetizer „Das Schicksal mehrerer tausend Kosovo-Flüchtlinge ..." führt den Leser hin zur Thematik. Dann folgt eine Übersicht über die durch Links erreichbaren weiteren Berichte und Nachrichten. Der Bericht „Tausende spurlos verschwunden" ist identisch mit den normalen *SPIEGEL*-Berichten.

Berichte dienen in Zeitschriften wie in den Zeitungen der Sach- und Hintergrunddarstellung. Häufiger als in den Zeitungen ist in den Zeitschriften die Illustrierung, zum Teil Visualisierung des Dargestellten durch die beigegebenen Bilder, wodurch möglicherweise auch nicht im Text dargestellte Einzelheiten oder Besonderheiten zusätzlich herausgestellt werden. Beim Hörfunk werden Meldungen in Nachrichtensendungen häufig durch Korrespondentenberichte angereichert. In den Magazinen dominieren sie, eingeleitet meist durch eine Kurzmoderation. Zentral ist die aktuelle Information, häufig direkt vom Ort des Geschehens, wobei der Hörer den Eindruck erhalten kann, live dabei zu sein. Hörfunkberichte sollen authentisch, lebendig, attraktiv und vor allem verständlich sein.

Beispiel 12:

Moderation: Aus Trauer um den Tod einer hungerstreikenden Frau und aus Protest gegen die Kurdenpolitik der türkischen Regierung in Ankara sind in Berlin Tausende von Kurden aus dem gesamten Bundesgebiet auf die Straße gegangen.

Bericht 43

Korrespondentenbericht Birgit Wenzin (Berlin): Seit einer Stunde sind mindestens fünftausend Kurden unterwegs. Die Polizei, mit Tausenden von Sicherheitskräften im Einsatz, hat den Trauerzug weiträumig abgesperrt. An dessen Spitze der schwarze Leichenwagen mit der toten Kurdin Gülnaz Bagistani, gestorben in der vergangenen Woche während des andauernden Hungerstreiks von hundert Kurden in Kreuzberg. Die Farben Kurdistans dominieren: Rot, Gelb, Grün. Die Flagge Kurdistans ist zu sehen, aber mehr noch das rotgrundige Banner der verbotenen Arbeiterpartei Kurdistans PKK. Alle Teilnehmer tragen ein Bild der Kurdin bei sich, stimmen immer wieder in die Rufe ein: „Türkei Terrorist! Der Mörder von Gülnaz Bagistani ist die deutsch-türkische Republik! Gestern Jude, heute Kurde!" Nach Angaben der Einsatzleitung der Polizei, die auch Dutzende von Hubschraubern am Himmel konzentriert, wurden unmittelbar vor Beginn des Protestzuges einige Teilnehmer verhaftet, Dutzende von Schlagstöcken gesichert. In einer guten Stunde soll der Zug enden an der Gedächtniskirche am Breitholzplatz in Charlottenburg.
(Südwestfunk 1, 1. August 1995, Mittagmagazin)

Die Reporterin vermittelt in ihrem Bericht den Eindruck des Dabeiseins zugleich mit dem, recherchiert zu haben. Der Wille zur Objektivität kann bei ihr nicht durchgehalten werden. Die persönliche Anteilnahme läßt den Bericht subjektiver werden, vor allem über die von ihr vorgenommenen Wertungen. Belegt wird der Bericht durch die Wiedergabe der Demonstrantenrufe, wenn sich hier auch O-Töne eigentlich angeboten hätten. Die Faktendimensionierung erfaßt die Vorgeschichte des geschilderten Ereignisse, seine Interpretation, und die Entwicklung des Ereignisses. Der Bericht ist informativ, leicht verständlich und einprägsam.

Der Moderationssatz ist dagegen hörerunfreundlich gestaltet. Er ist einmal zu lang, enthält mehr als 14 Worte. Weiter kennzeichnet ihn das vorherrschende Präpositionalgefüge kombiniert mit den Genitivkonstruktionen („Aus Trauer um den Tod einer hungerstreikenden Frau und aus Protest gegen die Kurdenpolitik der türkischen Regierung ...") als typische Nachricht im negativen Sinne. Aufgelöst in zwei Sätze ließe sich die Konstruktion leicht entzerren und hörerfreundlich machen.

Wie sich sowohl Anmoderation wie Bericht sprachlich-stilistisch vereinfachen und damit hörerfreundlicher gestalten lassen, zeigt folgendes Beispiel:

Beispiel 13:

Moderation: Heute abend beginnen in der niedersächsischen Landeshauptstadt die sogenannten Chaostage. Bereits in der vergangenen Nacht haben sich über vierhundert Punker eine Straßenschlacht mit der Polizei geliefert.
Korrespondentenbericht Wolfgang Mölke: Drei verletzte Beamte, zwei Polizisten, ein Feuerwehrmann, das ist die Bilanz des letzten Abends. Sechshundert Punks sind jetzt auf dem Gelände eines Hannoverschen alternativen Wohnprojekts und bauen wieder Barrikaden. Sie fühlen sich von der in diesem Jahr allgegenwärtigen Polizei aus der Stadtmitte vertrieben, wie mir ein Gelbgelockter, der sich Ratte nennt, erzählt, und bedroht, weil: „die Leute haben hier ziemlich große Angst, äh, daß die Bullen stürmen,

ich hab' grad mit den Bullen gesprochen und die meinte, äh, sie würden nur hier zum Schutz der Häuser da sein und so, ja wer das glaubt wird selig" (O-Ton Punk). Allerdings wer vorher Scherben, Schutt und Asche ankündigt, was nach den Chaostagen von Hannover übrigbleiben soll, braucht sich über starke Polizeipräsenz nicht zu wundern. Und die will einzelne Randalierer festnehmen und bis Montag in Haft lassen. Anschließend soll jedem die individuelle Rechnung präsentiert werden. Die Fahrt in der grünen Minna zum Beispiel für achtzig Mark, dazu Reinigung der Dienstkleidung, Überstunden und Schreibarbeiten.
(Südwestfunk 1, 6. August 1995, Zeitmagazin 18 Uhr)

Im Fernsehen wird überwiegend vermittelt, was visualisiert werden kann. Eine gute Berichterstattung zeichnet sich aber auch dadurch aus, daß ein Ereignis in seiner politischen, sozialen oder lebensweltlichen Bedeutung verstehbar gemacht wird.

Beispiel 14:

Finanzminister Waigel nahm den Oppositionsführer Scharping gleich morgens auf die Seite, doch egal was Waigel gesagt hat, die wütende Rede konnte es nicht verhindern.
(Scharping, SPD) „Ich habe ja nichts dagegen, wenn sie immer davon reden, wir säßen alle in einem Boot. Aber hören sie endlich damit auf, auf dem Sonnendeck für ganz wenige Champagner auszuschenken und die anderen Leute zum Schuften in den Maschinenraum zu schicken."
(Sprecher) Der mitangesprochene Steuermann Kanzler Kohl war nicht mit an Bord, sondern auf USA Reise. Auch ohne ihn verteidigte die Regierung ihr Sparpaket. Kürzung der Lohnfortzahlung bei Krankheit auf 80%, Lockerung des Kündigungsschutzes, Erhöhung des Rentenalters für Frauen auf 65 Jahre. Das soll Kosten senken und Arbeitsplätze schaffen.
Die Grünen hätten noch gerne über die Gehälter der Parlamentarier gesprochen. Anstatt die beschlossene Erhöhung von 525 Mark ab ersten Juli zu kassieren, wollen Grüne und FDP das Ganze verschieben. Immerhin 4,28 Millionen Mark würden dadurch gespart.
Bei SPD und CDU sehen längst nicht alle den Zusammenhang von öffentlichen Sparappellen und dem eigenen Geldbeutel.
Im Film (Interviewausschnitt Heinrich Lummer) „Das Gewissen regt sich da nicht sonderlich, ich bin schon der Meinung, daß ich das wert bin."
(Sprecher) Der Ausweg: Nullrunde mit Gehaltserhöhung. Jeder Abgeordnete solle, so ein CDU-Vorschlag, sein Plus von 525 Mark freiwillig spenden. Die Betonung liegt auf freiwillig.
(RTL-Aktuell 23. Mai 1996, Filmbericht von Hartmut Müller-Gerbes)

Kindernachrichtensendungen im Fernsehen sollten sich besonders weit wegbewegen von der Nachrichtensprache für Erwachsene. In der ZDF-Sendung *Logo* wird das erreicht.

Beispiel 15:

> Gestern war Silvester in China, und bei Familie Wang feierten sie es wie überall im Lande mit Xao Ze, so heißen die Teigtaschen mit Hackfleischfüllung. Und wie alles, das um diese Jahreszeit geschieht, haben auch die Xao Ze eine besondere Bedeutung. Ihre Form erinnert nämlich an Geldstücke, wie es sie früher in China gab. Und das soll Reichtum bringen. Und das gemeinsame Kochen und das gemeinsame Essen danach soll im neuen Jahr Ärger und Familienkrach abwenden. Um Mitternacht müssen die Kinder einen Ko-Tau vor den Großeltern machen, also eine tiefe Verbeugung, dafür gibt's Geld im roten Kuvert, denn rot ist die Glücksfarbe in China. Zum zünftigen Neujahrsfest gehört eigentlich auch Feuerwerk, aber das ist in den Städten verboten – zu gefährlich. Deswegen gibt's nur Luftballons, um die Dämonen zu vertreiben. Geister verjagen ist mit das Wichtigste zum Jahreswechsel, dazu dient auch der rote Gürtel, den die Großmutter besorgt hat und den Wang Xue ein ganzes Jahr lang tragen muß. Er kam nämlich vor Zwölf Jahren im Zeichen des Tigers auf die Welt. Da muß er in diesem Tigerjahr ganz besonders auf der Hut sein vor bösen Geistern. „Alle sagen das neue Jahr wird für mich als Tiger gut sein", meint Wang Xue. „Ein bißchen glaube ich schon dran, immerhin habe ich ja auch den roten Gürtel."
> Heute am Neujahrstag ging dann die ganze Familie zum Tempelfest. Da ist immer jede Menge los, Trommel, Tanz und Budenzauber, Ringelpiez und Ringkampf.
> Und vor allem gibt's gutes Essen. Hier gezuckerte Nudelteigsuppen, nebenan Xao Ze, dann kandierte Äpfel oder süßen Bohnenpudding, Spatz am Spieß, Tintenfisch am Spieß und Herz am Spieß. Mehr als genug auch für den hungrigsten kleinen Tiger.
> (ZDF. Kindernachrichtensendung Logo 13. März 1998)

Hier wird versucht, erzählende Elemente im Text zu verwenden, um Information verständlich und kindgerecht zu vermitteln. Geachtet wird auf kurze Sätze, einfache Formulierungen, das Erklären von Fachtermini oder die Vermittlung von Hintergrundwissen. Wiederholungen spielen eine wichtige Rolle. Konnektoren wie „und da", „da", „und" erleichtern einmal den Redefluß, machen die Übergänge von einem Satzteil zum anderen geschmeidiger. Sie erleichtern aber die Textaufnahme.

4.3. Essay

Im Feuilleton wird die Palette der hier angeführten publizistischen Textsorten erweitert, einmal um literarische Formen, Gedichte, Erzählungen, Romane, Skizzen, Miniaturen, Comics, Witze, Karikaturen usw., zum anderen um betrachtende oder kritische, bzw. einer Kombination von beiden. Kürzere, geschlossene, verhältnismäßig locker komponierte Prosastücke betrachtenden Inhalts werden meist als Essay (urspr. Versuch) bezeichnet. Er zielt auf Erkenntnis, auf Bewußtseinssteigerung. Er untersucht die unterschiedlichsten Phänomene, um sie geistig zu durchdringen und intellektuell zu klären. Er interpretiert und ordnet ein, macht Zusammenhänge, Ursprünge und Abhängigkeiten sichtbar. Der Inhalt wird häufig aufgegliedert in Thesen, Gegenthesen, Synthese oder Thema, Gegenthema mit positiven und negativen Einwänden, Fazit. Wichtig sind lockere Sprache und flotter Stil, ein sprachlich-stilistisches Aufbrechen gedanklicher Verkrustungen und Vorurteile.

Beispiel 16:

Alles ist erlaubt, nur keine Langeweile
von Michael Thumser

1

Gemeinsam einsam

Immer ist er dabei, im Theater, beim Konzert, sogar im Kino; jeder kann ihn sehen, die meisten wissen, wer er ist, kennen ihn beim Namen. Und doch steht er im Publikum merkwürdig abseits: Vielen ist er verdächtig, etliche können ihn schlichtweg nicht leiden; manche immerhin (nicht aus Ehrfurcht, doch aus Einsicht) halten ein bißchen was von ihm. Aber die Mehrheit sieht in ihm gern den weltfremden Fachidioten, bestenfalls noch einen siebengescheiten Neunmalklugen, der mit Besserwisserei sein Brot verdient und allzu oft auch mit dem bedenkenlosen, unbarmherzigen Verriß.

Das ist er: der Kritiker im Foyer, während der Theaterpause, umgeben von einem Publikum, dem die Vorstellung augenscheinlich sehr gut gefällt und das förmlich fühlt, wie der Beckmesser, allgemeiner Meinung zum Trotze, schon wieder die geistige Feder für unangemessenes Gemäkel wetzt. Oder: Allseits findet man die Darbietung kurios, verschroben, entsetzlich – da darf man dann fest damit rechnen, daß der Kritikus was ganz Raffiniertes erkannt und durchschaut hat und somit Gründe genug findet, als womöglich einziger des Lobes voll zu sein. Der dritte und dubioseste Fall indes tritt ein, wenn die Auffassung über das Gesehene und Gehörte eine einhellige ist, also zustimmend oder ablehnend gleichermaßen auf seiten des breiten Auditoriums wie des vereinsamten Feuilletonisten – da ist dann stärkstes Mißtrauen geboten: Was hat der Schreiberling nur, was will er bloß? Läßt seine Urteilskraft nun endlich sichtbar nach (befürchtet hat man's ja längst)? Fällt ihm nichts mehr ein (noch weniger vielleicht als sonst)? Oder hat er gar heimlichen Anlaß, sich dem Publikum anzudienen, indem er ihm nach dem Munde redet – verkümmerte sein Herz nun gänzlich zur Mördergrube?

Als gesichert kann dies gelten: Um- und eingeschlossen von der Gemeinde durchweg sachkundiger Bühnen- oder Musikfreunde, ist der Kritiker doch ein Ausgestoßener, höchstens ein gerade noch Geduldeter. Er ist dabei und gehört nicht dazu. »Man bilde sich nur nicht ein«, so schrieb Theodor Fontane (der als glänzender Romancier auch noch einen besonders klugen Rezensenten abgab), »daß ein Theaterkritiker ein Richter sei, viel öfter ist er ein Angeklagter. ‚Da sitzt das Scheusal wieder', habe ich sehr oft auf den Gesichtern gelesen.«

2

Ein bunter Hund

Ein Scheusal? Unmensch also und zuweilen gar ein Monster, ein Untier? Als komischer Vogel gilt er den Leuten allemal; oder, um das Wunderwesen anders, doch gleichfalls zoologisch zu bestimmen, als Promenadenmischung aus buntem Hund und krummem Hund.

»Schlagt ihn tot, den Hund! Er ist ein Rezensent«, riet denn auch der dichterfürstliche Goethe in populär gewordener Wendung (wenn auch beträchtlich unter Fürstenniveau dichtend). Nicht weniger gern führt der beleidigte Künstler wie der Medienkonsument jenes absichtsvoll unappetitliche Aperçu des Komponisten Max Reger im Munde, welcher, von verschwiegenem Örtchen aus, den Verurteiler eines seiner Werke wissen ließ, noch habe er die Kritik vor sich, bald aber werde er sie hinter sich gebracht haben. Ach, man liebt es, über dergleichen Spitzen zu lachen, weil man so gern über den Kritiker selbst lachen möchte.

Der muß sich nun freilich auch manche Mahnung ins Stammbuch schreiben lassen, die schwerer wiegt; sollte sich beispielsweise die hemmende Erfahrung der Marie von Ebner-Eschenbach zu eigen machen, die da einschränkte: »Es glaube doch nicht jeder, der imstande war, seine Meinung von einem Kunstwerk aufzuschreiben, er habe es kritisiert.« Und stets hat er sich daran zu erinnern, wie unentrinnbar sein Leben im flüchtigen Hier und Heute gefangen ist, wie fest sich sein unfreies Bewußtsein an seine Gegenwart kettet – so wie Heinrich Heine, unter den Journalisten der hellsichtigsten einer, zu ihr sich bekannte: »Kritik ist etwas Wandelbares. Sie geht hervor aus den Ansichten der Zeit und hat nur für diese Bedeutung. Jedes neue Zeitalter bekömmt auch neue Augen.«

Solcherart sitzt der Kritiker zwischen den Stühlen der Meinungen und der Epochen, auch zwischen dem Stuhl des Künstlers einerseits und den Parkett-, Rang- und Logenplätzen des Publikums andererseits; und sieht sich in Nöten, will er zu einem Urteil kommen über sich selbst und das, was er tut: Zu welchem Ende tut er's überhaupt?

Noch dem gescholtenen, geschundenen Künstler – für das Opfer der Kritik sich haltend und mithin leidend – bleibt hinter allen banalen Zwecken das Faszinierende, Geheimnisvolle, Un-Alltägliche der Kunst. Das Publikum wiederum kommt zur Kunst, letztlich um in irgendeiner Form sein Vergnügen zu finden. Vor dem Kritiker aber, so scheint es, sind die Mysterien verschlossen, und auch interesseloses Wohlgefallen ist ihm nicht vergönnt. Er naht sich – schwankende Gestalt – dem Spiel in Theater oder Konzertsaal, den Bildern in Galerie und Kino, auch der Dichtung aus eher traurigen, weil gewerblichen Gründen, im Dienst profaner Pflicht, weil er, statt Genuß davon zu haben, sich um Geld verdingen muß.

3
Von der Liebe

Nun aber: So scheint es nur. Sollte der Rezensent sein Leben nicht auch anders unterhalten können? Daß er's ausgerechnet auf diese Weise unternimmt, muß in ihm selbst Gründe haben – und hat sie ebendort: in jenem Teil seines Wesens, der (man mag es kaum glauben) mit der Liebe zu tun hat, mit jener zur Welt und zu den Menschen und zu dem, was sie schaffen – im doppelten Wortsinn: hervorbringen und durchsetzen. ‚Liebe' dabei nicht nur als Angelegenheit des Herzens, auch des Hirns: als Antrieb für kritisches Interesse.

Und das gilt der Gegenwart: ihrer Zeit und deren Lauf; ihren Ursachen in der Geschichte; ihren Aussichten für die Zukunft; gilt den Menschen in ihr: ihrem Empfinden und Wünschen, Denken und Handeln. Es gilt der aktuellen Kunst und ebenso den Stilen und Formen aller Vergangenheiten – den Perspektiven, welche sich aus dem Einst auf das Jetzt, das Morgen eröffnen. Und es gilt den Mitteln und Gelegenheiten, welche die Kunst sucht, findet und nutzt, von der Gegenwart Auskunft zu geben oder Vergangenes zu vergegenwärtigen.

Nicht mehr lockt den Kritiker die abgetane Illusion, im Wahren, Guten, Schönen der Kunst hehre Ewig-Gültigkeit erahnen zu dürfen. Wohl aber kommt es ihm noch immer auf das Ehrliche und Aufschlußreiche an, auf Gelungenes und Gekonntes. Nicht länger allerdings zählt für ihn nur das Vollenden – schon der durchdachte Versuch, der Weg, hat eigenen Wert, ist Ziel. Dem Wollen der Vernunft und des Gefühls vor, hinter und in der Kunst ist der Kritiker auf der Spur.

Indes, nicht nur mit Kunst kommt der Kritiker in Fühlung, sondern auch und vor allem mit den Menschen selbst. Mit zweierlei Arten, um genau zu sein: Da gibt es zunächst jene einzelnen, die ‚anders' sind, weil sie Kunst machen. Sie kennt der Kritiker als ehrgeizig, hochfliegend und hochfahrend – und als leicht verletzlich in jenen oft und unverhofft eintretenden Situationen, da sie sich verkannt wähnen oder nicht ernstgenommen glauben.

Und es gibt die vielen ‚anderen', die nicht nur das Publikum des Künstlers sind, sondern in gleicher Art auch das des Kritikers: vor dem er seinerseits sich produziert – die Leser.

Ihnen beiden, dem Künstler und dem Konsumenten, ist der Kritiker verantwortlich; und, natürlich, allen voran, sich selbst: seinem Verstand, seinem Gefühl – seinem Gewissen. Daß den Kritiker die Lust an der Kunst, auch die Lust am aufgeschriebenen Wort bewegt, ist allein seine Sache. Der Umstand jedoch, über eine Episode des öffentlichen Lebens für die Öffentlichkeit zu befinden, bindet ihn in mancherlei äußere Zwänge. Unter ihrem Druck ein verläßliches Maß an innerer Freiheit sich zu bewahren, dies verlangt nach der Fähigkeit zum end- und dabei möglichst schmerzlosen Spagat – für den Rezensenten Grundlage zu jeder seiner Nachlesen; nur sportlich eine Unmöglichkeit.

4

Vom Kritisieren

Kritik heißt Beurteilung. Sie beschreibt ein künstlerisches Ereignis und bewertet es. Sie begründet ihr Urteil – ein jubelnder Ausruf, eine abwertende Bemerkung allein ist noch keine Kritik.

*

Kritik kann positiv oder negativ ausfallen. Sie kann gut oder schlecht geschrieben sein. Auch eine negative Kritik ist eine gute Kritik, wenn sie nur gut formuliert ist: Gut geschrieben ist gut gedacht.

*

Erste Pflicht des Kritikers ist Kompetenz. Wie für den Kritisierten gilt für den Kritiker: Inkompetenz ist kein Verdienst; Ignoranz – Unzulänglichkeit aus Desinteresse – ist strafwürdig.

*

Der Kritiker muß über das, worüber er schreibt, so gut wie ihm möglich Bescheid wissen. Freilich muß er es nicht ebenso gut oder gar besser zu leisten vermögen.

*

Der Kritiker hat das ihm Mögliche zu tun, um zu verstehen. Zugleich darf er seinerseits erwarten, daß Kunst sich ihm verständlich macht. Seine erste (wenn auch nicht wichtigste) Frage nach einer Vorstellung wird heißen: »Kam mir das nahe?« Lautet die Antwort »Nein«, wird etwas nicht in Ordnung gewesen sein. Seine zweite Frage ist: »Habe ich mich gelangweilt?« Lautet die Antwort »Ja«, wird etwas nicht in Ordnung gewesen sein.

*
Zweite Pflicht des Kritikers ist Verständlichkeit. Zu seinen Ambitionen gehört es, von sich aus Menschen für Kunst und Kultur zu interessieren.
*
Die Kritik (wie jede Form des Kommentars) bedarf nicht allein der gedanklichen Sattelfestigkeit, sondern ebenso der formalen und sprachlichen Sorgfalt, wie sie einer literarischen Kleinform zukommt.
*
Fachliche und rhetorische Selbstdarstellung des Kritikers, Prunken mit Wissen und Worten bringt die Kritik um die Möglichkeit der Kommunikation – hindert sie, Teil einer Auseinandersetzung zu sein. Zu den Zielen der Zeitung aber zählt dieses: als Arena der Argumente zu dienen.
*
„Begriffe ohne Anschauung sind leer" (Immanuel Kant). Kritiken, die keine Geschichte erzählen, keine Bilder entwerfen, sind tot.
*
Der Kritiker lebt in einem Dilemma: Es ist seine Aufgabe, seine Meinungen faßlich darzulegen, doch nicht jede Kritik wird für jedermann ganz begreifbar sein. Die Routine zeigt: In vielen Fällen werden Gedankengang und Sprache der Kritik um so komplizierter, je komplexer ihr Thema ist.
*
Erster Adressat des Kritikers ist der Leser seiner Zeitung, nicht der Künstler. Der Kritiker schreibt gleichermaßen zum Vergnügen der Leser wie zu ihrer Information. Er belehrt nicht: Er ist kein Dozent. „Jede Art zu schreiben ist erlaubt, nur nicht die langweilige" (Voltaire). Manche Kritiken vermögen weit besser zu unterhalten als das Ereignis, von dem sie berichten.
*
Alles Urteilen ist subjektiv. Der Kritiker spricht kein Urteil im Namen des Volkes. Er kann nur sein eigenes Gesicht verziehen. „Kunst ist Natur, gebrochen durch ein Temperament" (Emile Zola); Kritik ist Kunst, gebrochen durch ein Temperament.
*
So viele Menschen einem Ereignis beiwohnen, so viele verschiedene Meinungen bestehen darüber. Der Kritiker gibt nur eine von vielen denkbaren Auffassungen kund. Über jeder Kritik steht in großen, wenn auch unsichtbaren Lettern geschrieben: „Der Verfasser ist folgender Ansicht: ..."
*
Der Kritiker hat das Recht, der allgemeinen Auffassung zu widersprechen, und wäre er der einzige, der dies tut.
*
Der Kritiker soll das Lob lieben. Gründe, zu tadeln, darf er verschweigen; nutzen aber sollte er jeden ernsthaft sich bietenden Anlaß, Anerkennung zu zollen.
*
Der Kritiker darf spotten, wo ihm dies ohne Hohn gelingt. Er darf nicht hassen, doch zürnen. „Der Verriß ist ein Ausdruck gekränkter Liebe, und der ist kein Wort zu hart" (Friedrich Luft). „Schlecht ist schlecht, und es muß gesagt werden" (Theodor Fontane).

*

Kritik nimmt Rücksicht. Der Künstler hat ein Recht darauf, in seinem Bemühen geachtet zu werden. Er hat Anspruch auf ‚Wohlwollen', das heißt: auf Distanz, Sympathie, Unvoreingenommenheit.

*

Kritik sagt dem Künstler nicht, wie er seine Arbeit zu machen habe, sondern wie er sie (in den Augen des Kritikers) gemacht hat. Der Kritiker beurteilt, zu welchem Ergebnis der Künstler gekommen ist, nicht aber, welche Mühen er darauf verwandt hat, zu solchem Ergebnis zu gelangen. Der Kritiker ist kein Promoter: Er schreibt dem Künstler kein Zeugnis fürs Dienstbuch.

*

„Kritik soll ‚produktiv' sein" (Friedrich Schlegel): Dem Publikum soll sie beim Verständnis helfen und dem Künstler auf seine Leistung antworten.

*

Kritik und Kunst ziehen an ein und demselben Strang, wenn auch an den entgegengesetzten Enden.

*

Kritik ist in ihrer Grundhaltung eine kleine Schwester der Philosophie: Sie staunt, bewundert oder wundert sich, sie fragt nach und zweifelt. Anders als die Philosophie (doch ebenso wie die Kunst) zielt sie nicht darauf ab, ein vollständiges System ihrer Erkenntnis zu entwerfen. Kritik analysiert Zusammenhänge nicht, sondern versucht, sie zu verstehen. Das künstlerische Ganze gibt der Kritiker nicht ganz und gar wieder, denn er wählt ein Detail aus und verwirft dafür ein anderes, er deutet an oder verschweigt. Darum ist eine Kritik ihrem Wesen nach keine wissenschaftliche Abhandlung, sondern Fragment, Bruchstück. Ihre besten Sätze sind Aphorismen. Zu ihrer Wahrheit gehören Rang und Schönheit ihrer Sprache.

*

Der Kritiker ist Realist: Er weiß, er gibt nur den Schatten eines Ereignisses wieder. Und er ist Optimist: Er hofft, dennoch den Kern zu treffen.

5
Ein armer Hund

Vielfältig sind die Freiheiten, die der Kritiker sich herausnimmt. Nun aber muß Kritik frei sein – individuell statt »objektiv«. Angeklagter, nicht Richter, nicht Täter ist der Kritiker bei seiner Arbeit, sondern immer auch sein eigenes Opfer – kein Teufel, sondern ein armer Teufel: trägt er doch, für jedermann sichtbar, seine Haut zu Markte. Halbnackt steht er vor den Leuten, wenn sie nur recht zu lesen verstehen: Denn seine Kritik plaudert über ihn selbst so viel aus, wie sie über das Kritisierte verrät; des Rezensenten intime Vorlieben und Vorbehalte, Sehnsüchte und Ängste lenken die Richtung seines Interesses so sehr wie das Ereignis es tut, von dem er Bericht erstattet. Sein Unbewußtes ist gleichsam auf seinem Gesicht zu sehen: So deutlich kann es für andere werden wie das, was sein Kopf bewußt wahrgenommen hat.

Nicht Hund noch Vogel also ist das »Scheusal«, kein Monster, sondern – Mensch: Was er unternimmt, ist jedesmal aufs neue ein Versuch, und nicht jeder wird glücken; allerlei Einwirkungen und Veränderungen ist er fortwährend unterworfen und hat es schwer, sich zwischen ihnen nicht selbst aus den Augen zu verlieren; fast immer mißdeutet ihn einer; und auch er kann sich irren.
(FRANKENPOST Nr. 216, 15.9.94, zitiert nach Theodor Wolff-Preis. Die Beiträge der Preisträger aus dem Ausschreibungsjahr 1994. Bonn 1995, 63–72)

Dieser Essay erhielt den Theodor-Wolff-Preis 1994 mit der Begründung, der Autor habe aus seiner Erfahrung als Musik- und Theaterkritiker im bildungsbürgerlichen Milieu einer deutschen Mittelstadt schöpfend, das grandiose Bild eines ebenso bewunderten wie gescholtenen Zeitgenossen, eben des Kritikers gezeichnet, dessen Lob er mit einer Mischung aus Scherz, Satire, Ironie mit tieferer Bedeutung lebendig werden ließ.

Die Thematik, die der Essayist aufgreift, ist bekannt. Er ordnet die Dinge jedoch neu, findet neuen Ausdruck für ihr Wesen und spricht neue Wahrheiten über sie aus. Er reflektiert das Geliebte und Gehaßte, sagt, was ihm daran wichtig ist, um den Lesern mitgeteilt zu werden. Er überprüft laufend seine eigenen Gedanken an denen anderer, die er als Autoritäten für das Thema ‚Kritik' anerkennt und zitiert. Damit gerät er in die Nähe wissenschaftlicher Textgestaltung, entgeht dieser aber durch seine Subjektivität beim Einsatz sprachlicher wie rhetorischer Mittel. Die klare Gliederung erleichtert das Lesen. Das leichte, nahezu spielerische Handhaben der Sprache bringt den Lesegewinn.

Der Radio-Essay, wie ihn die Schriftsteller Alfred Andersch, Hans Magnus Enzensberger, Helmut Heißenbüttel oder Wolfgang Koeppen pflegten, war keine journalistische, sondern eine poetische Form (vgl. Krüger 1964).

4.4. Feature

Das Feature ist ein zuerst für den Hörfunk entwickeltes Format, das dem Infotainment zuzuordnen ist. Bei ihm steht ein Thema im Zentrum. Die vielfältigen Formen der Aufbereitung sind funkische Varianten, also akustische Bestandteile wie Texte, Geräusche und Musik, die zusammengenommen ohne darstellende Funktion sind. Sie dienen der Aktivierung des Hörers. Die dargebotenen Informationen haben einen unmittelbaren Nutzwert, liefern Wissen und Argumente für den Alltagsdialog wie die wissenschaftliche Auseinandersetzung. Die Informationen werden vielfältig aufbereitet, ohne den grundlegenden Zusammenhang der einzelnen Sachverhalte zu gefährden. Die Aufbereitung ist subjektiv-analytisch, häufig dokumentarisch. Die Verfasser üben sich in Selbstbeschränkung, um den Konsumenten die Schaffung einer neuen Realität zu ermöglichen (Unterschied zur Collage).

In den Anfangsjahren des deutschen Hörfunks gab es die Begriffe ‚Hörfolge' und ‚Hörbild', die in annähernder Bedeutung verwendet wurden. Thematisiert wurden vor allem menschliche Schicksale und Heldentaten. In England wurde die Sendeform ab 1930 als journalistische Zweckform verwendet, vor allem auch zur Aufklärung über die Vorgänge im NS-Deutschland. Die Folge war, daß das Format im Deutschen Reich als den gleichgeschalteten Programmen genommen und durch Propaganda- und Weihestücke ersetzt wurde. Die deutschen Reise- und Städtefeatures der Nachkriegszeit versuchen den Informationsmangel der Bevölkerung zu kompensieren. In den 50er Jahren glänzten Alfred Andersch, Axel Eggebrecht, Ernst Schnabel oder Peter von Zahn mit kritisch-analytischen oder literarisch-dokumentarischen Stücken. Die Möglichkeiten mobiler Schallaufzeichnungen brachten das Dokumentar-Feature hervor. Seit den siebziger Jahren wird wieder mehr Wert auf das Wort gelegt. Es dient der Inhaltsvermittlung, soll möglichst konkret, alltagsnah und damit für den Hörer leicht aufnehmbar sein.

Beispiel: 17:

> Take 1: Trommeln. Sindimba.
> Take 2: Zikaden.
>
> Erzähler: Kein Mond heute Nacht im Ngorongoro-Krater ... nur 250 Quadratkilometer Dunkelheit ... und überall in dieser Dunkelheit die alte, tödliche Rechnung jeder Ngorongoro-Nacht: 20 000 große Huftiere stehen 500 großen Raubtieren gegenüber. Und das Ergebnis – beantwortet zwei einfache Fragen: wer stirbt in dieser Nacht – und wer wird satt ...
>
> Take 3: Zikaden und Hyänen-Ruf.
>
> ... sie ruft im Gehen. Hals und Kopf zum Boden gerichtet, Maul leicht geöffnet. Sie ruft: wer sie ist und wo sie ist. Ihre akustische Visitenkarte: Name, Territorium, Laufrichtung, Stimmung. Jeder Ruf muß individuell unterscheidbar sein und kilometerweit zu hören ...
>
> Take 4: Zikaden und Hyänen-Ruf.
>
> ... sie läuft langsam, jeder Schritt hat eine träge Ökonomie, wirkt schwer. Durch den zum Boden gesenkten Kopf und den abfallenden Rücken bewegt sich der Körper wie ein Bogen. Dann bleibt sie stehen, vor ihr, fünfsechs Meter ... eine andere. Vorsichtig geht sie in einem Halbkreis etwas näher, das macht immer das unterlegene, das rangniedrigere Tier, geht in den Wind der anderen und zieht intensiv deren Witterung ein: sie will die Stimmung riechen ...
>
> Take 5: Schnüffelnde Hyäne.
>
> ... Hyänen sondern aus den Analdrüsen Gerüche ab, die mit ihrer Angriffsbereitschaft korrespondieren ...
>
> Take 5: Schnüffelnde Hyäne.
>
> ... erst als die Rangniedrige sicher ist, daß kein Angriff droht, raschelt sie auf die andere zu, Schwanz zwischen den Beinen, Ohren angelegt: die hat Angst ...
>
> Take 6: Raschel-Gang.
>
> ... *dann der Begrüßungslaut*

Take 6: Begrüßungslaute.

... kurz wird das Maul berochen, Kopf, Nacken, bis beide Tiere eng aneinander stehen, Schwanz an Kopf. Dann hebt zuerst die Herangekommene das Innenbein, danach die andere und beide beschnüffeln gegenseitig die Genitalien ... noch eine kommt, sehr zögernd, sie ist jung ...

Take 7: Begrüßungs-Szene junge Hyäne.

... sie trennen sich, die beiden ersten ziehen zusammen ab, lassen die Junge einfach stehen, ohne einen weiteren Blick. Das dominante Tier läuft vorn, die Jagd beginnt.

Take 8: Kronenkiebitz ruft.

... Kronenkiebitz, unentdeckbar kauert er auf dem Steppenboden, dennoch schwenken sie direkt auf ihn zu ...

Take 8: Kronenkiebitz fliegt schrill auf.

Hyänen können auch bei Finsternis ausgezeichnet sehen, ihr Geruchssinn ist ungewöhnlich scharf und selbst wenn Nase und Augen keine Informationen bieten, ihre Ohren lesen geradezu die Nacht. Manchmal bleiben beide stehen, heben den dicken Kopf – und die breiten Ohren winkeln auf irgendeinen Laut, halten, drehen weiter, minutenlang: sie hören Nachrichten ...

Take 9: Fledermäuse.

... dieses metallische Zirpgeräusch: Fledermäuse. Sie schaukeln fast schon auf den Köpfen der Hyänen ...

Take 9: Fledermäuse.

Take 10: Aggressiver Goldschakal.

... Goldschakal: die beiden Hyänen stehen zu dicht an seinem Bau. Er versucht, sie wegzutreiben, schreit, springt und beißt nach ihren Hinterbeinen. Sie ignorieren ihn. Laufen weiter.

....

Sie sind Tüpfelhyänen, die größte und gefährlichste Hyänenart. Gewicht rund 50 Kilo, Länge 1 Meter 10. Der kompakte Körper ist an Kopf, Hals und Schultern mit starken Muskeln bewaffnet: zum Zermalmen, zum Zerreißen und zum Wegtragen schwerer Beuteteile. Das Gebiß ... schreckerregend. Trotz ihrer Kompaktheit rennen sie 65 Stundenkilometer und 45 Stundenkilometer rennen sie sehr lange. Sie sind hetzende Jäger. Und jagen beinah alles. Von der Puffotter bis zum Büffel. Hauptbeutetiere: Wildebeest und Zebra. Spezialität: die Nacht ...

Take 11: Wildebeests, entfernt.

... das ist das Ziel der Wanderung, langsam taucht es aus dem Schwarz: Wildebeests – dicht beieinander, vielleicht zweihundert.

Take 12: Wildebeest-Konzert.

Ein Wildebeest oder Gnu sieht vorne aus wie ein dunkles Rind, nach oben gebogene Hörner, hinten wie ein Pferd, langer Schweif. Gewicht 180 Kilo, groß, kräftig, schnell. Ohne den Gang zu beschleunigen, ziehen beide Hyänen ruhig auf sie zu. Sie wollen möglichst nah heran, wollen noch keine Flucht auslösen. Alle Wildebeests drehen sich jetzt zu ihnen hin, Köpfe hoch, Aufmerksamkeit! Begutachten jede Bewegung. Warnschnauben ...

Take 13: Warnschnauben Wildebeests.

... zehn Meter ... acht ... sechs die Hyänen rennen, flitzen mitten in die Herde, die auseinander bricht, nach allen Seiten, Flucht ...

Take 14: Flucht.

... beide Hyänen stehen wieder, sie beobachten die Flucht. Stehen da wie Pferdehändler, die Erscheinung, Bewegungsablauf, Frische inspizieren. Sie suchen das Wildebeest, das auch nur eine kleine Abweichung im Verhalten zeigt: das zu früh flieht oder zu spät, langsamer ist oder zu erregt. Sie suchen die beste Chance.

Take 15: leise Zikaden.

Sie laufen, wie ein Schuß, knallen durch die Herde, die nur noch aus der Linie weicht, jeder weiß jetzt Bescheid, wen die hetzenden Schatten meinen. Einen Bullen, viermal schwerer als sie selbst. Macht den alten Fehler, rennt zu ökonomisch, rennt nur jeweils Meter vor den Jägern, versäumt seine erste Möglichkeit zu überleben, den rasenden Sprint, die ganze Geschwindigkeit sofort! Mit nur 50 Stundenkilometer läuft er zu den Bedingungen der Verfolger, dieses Tempo halten sie viel länger. Sie schließen auf, die Vordere springt, Flanken-Biss, die Schlachtung beginnt. Hyänen töten eigentlich nicht, sie fressen einfach von hinten auf. Schwanz ab, Hoden weg, Afterblöße aufgerissen. Gleichzeitig faßt die Zweite seitlich hinten, beißt die Bauchhöhle ein, stemmt mit den Pfoten, Rückwärtsruck, jetzt ist er offen. Blutbad. Steht da in tiefem Schock, ohne Gegenwehr, zottelt nur, stampft, steht als trüge er eine zu schwere Last. Die Hinterbeine knicken ein und die seitliche Hyäne preßt ihren dicken Kopf in seinen Bauch und frißt die Eingeweide, dann geben auch die Vorderbeine nach, er fällt vor Schwäche um, rollt auf die Seite. Aus. Stirbt an Blutverlust und Schock. Dann ist die dritte Hyäne da, galoppiert stumm heran, fünf, sechs. Sie schnellen aus der Nacht, werfen sich aus dem Lauf in die Beute, reißen, schlingen. In nur drei Minuten zehn Fresser, dann zwanzig. Fast der ganze Clan fällt auf den Kill, zur atemlosen Mahlzeit.

Take 16: fressende Hyänen.

... das Wildebeest ist mit Hyänen zugedeckt. Man sieht nur ihre Hinterteile bis zur Körpermitte, Schultern und Köpfe stecken tief im Bullenbauch und in seinem Brustkorb. Därme, Magen, Lunge, Herz verschwinden wie in Raserei, sie fressen ihn zuerst von innen leer ...

(Feature ‚Hyänen' von Peter Leonhard Braun, Manuskript, Sender Freies Berlin ohne Jahr)

Der Autor orientiert sich an den Eigengesetzlichkeiten des Hörfunks, nutzt dessen technische und künstlerische Möglichkeiten. Eingesetzt werden eine stilvolle Montage und Originaltöne, um einen ‚akustischen Film' zu erzeugen. Die Sprache ist also nicht alleiniges Ausdrucksmittel, sondern gewinnt im Zusammenwirken mit Originalton und -geräuschen einen eigenen schöpferischen Ausdruck. Die aufgenommenen Elemente werden in einen artifiziellen Zusammenhang gebracht. Zusammen mit dem Erzähltext ergeben sich für den Hörer Eindrücke, wie er sie bisher nicht erleben konnte. Die Funktion des Textes ist eher begleitend, indem dieser die akustischen Vorgänge darstellt, erklärt oder wertet. O-Töne und -geräusche und die für den Ereignisort charakteristische Musik wirken stärker als die Stimme des Erzählers, der den Vorgang, das Voranschreiten der Handlung schildert, sehr knapp, sehr präzise, sehr subjektiv und den Hörer zusätzlich stimulierend bzw. emotionalisierend. Das Wort informiert über das Geschehen, über Ort und Zeit der Handlung. Es führt ohne Umschweife und direkt in die Szene und damit in die Thematik ein, baut langsam eine Stimmung in den Hörern auf, die die Abneigung gegen das ungeliebte Tier Hyäne zunehmend abbaut. Töne und Geräusche haben strukturierende Funktion. Sie kennzeichnen die einzelnen Sinnabschnitte, verschmelzen den an sich bruchstückhaften Text zu einem Ganzen.

Die Übertragung vom Hörfunk auf Fernsehen und Presse gestaltete sich schwierig. Der Autor muß ständig wechseln zwischen Anschauung und Abstraktion, zwischen Schilderung und Schlußfolgerung. Er muß stets Elemente anderer publizistischer Textformen miteinander kombinieren, Reportage- mit Interview-, Informations- und Kommentarelementen. Wichtig ist der rasche Wechsel, die Zuspitzung auf Kerneindrücke und -aussagen:

Beispiel 18:

Tanz den Imam
Zwei Drittel der Iraner sind unter 25 – und ein Problem für die Mullahs: Die Jugend probt den Aufstand
von Sylke Tempel
Mehdi liebt sein Land. Deshalb hasst er die Mullahs. „Wir hatten einmal eine wunderbare Kultur, auf die wir stolz sein konnten", sagt der 18-jährige Teheraner, „nun gelten wir als Terroristen. Die Welt schließt sich immer mehr zusammen – nur wir leben isoliert." Mehdi wurde 1980, ein Jahr nach der islamischen Revolution, geboren. Seit er denken kann, musste er in der Schule Aufsätze über „Das Leben des Propheten" oder das Schnüffel-Thema „Was ich glaube" schreiben. Diese Frage, meint er, könnte er einfach beantworten, wenn er dürfte: „Nichts, was uns die Mullahs erzählen."
In Teheran, dieser quirligen 15-Millionen-Metropole, wo die Straßen von morgens früh bis spät in der Nacht mit Mopeds, Farsi-Trabis heimischer Produktion und uralten Import-Chevrolets verstopft sind, führt sich der Gottesstaat täglich selbst ad absurdum. Denn seit die Mullahs vor 20 Jahren zu Gebärfreudigkeit aufriefen, um Kanonenfutter

für den iranisch-irakischen Krieg zu produzieren, hat sich die Bevölkerung auf 60 Millionen verdreifacht. Heute sind zwei Drittel der Iraner unter 25. Und den regierenden schiitischen Fundamentalisten entgleitet zunehmend die Kontrolle: über die Hauptstadt, über das Verkehrschaos, über ihr jugendliches Volk.

Mehdi und seine Altersgenossen hätten laut Ex-Staatspräsident Ali Akbar Rafsanjani die Generation der „Rächer" werden sollen. Stattdessen entwickeln sich die jungen Iraner zur Nemesis der Islamisten. Sie sollten die Segnungen eines gottesfürchtigen Lebens schätzen; in Wirklichkeit haben sie gelernt, Korruption und Bigotterie des Regimes zu verachten. „Wann immer meine Kinder ausgehen", erzählt die 49-jährige Farideh, Gattin eines Unternehmers, „gebe ich ihnen einige Tausend Tuman Bestechungsgeld für die *Pasdaran* mit, unsere Sittenwächter."

Das Tragen von Nagellack oder Lippenstift, vor wenigen Jahren noch mit Prügel oder gar dem Abschneiden der Lippen bestraft, kostet inzwischen nur noch 1000 Tuman Strafe, etwa 5 Mark. Partys werden nicht mehr gestört, weil die Tugendwächter sich oft mit (streng verbotenem) Alkohol milde stimmen lassen. Und wenn doch einmal ein Fest „ausgehoben" wird, die Beteiligten wegen „unislamischen Verhaltens" aufs nächste Polizeirevier verschleppt und ausgepeitscht werden, dann zeigen die Jugendlichen einander ihre Narben wie wertvolle Auszeichnungen.

„Wir, die Intellektuellen der Opposition, haben für hohe Ideale gekämpft und dafür während der Revolution einen bitteren Preis bezahlt", sagt die Schriftstellerin Farzaneh Taheri. „Die Jungen haben keine Angst mehr. Sie zeigen uns, wie es geht." Das System phantasievoll mit den eigenen Mitteln schlagen, heißt die heimliche Parole. „Wir sollen keine Mädchen treffen", erzählt der 21-jährige Hassan, „also nutzen wir die islamischen Feste als Kontaktbörse." Zum Beispiel den Gedenktag an den im Jahr 680 ermordeten Nachfolger Mohammeds, Imam Hossein, der mit öffentlichen Geißelungszügen begangen wird. Im vergangenen Jahr beteiligten sich auch brav in den Tschador gehüllte Mädchen, die sich inbrünstig an die Brust schlugen. Nur murmelten sie dabei nicht Gebete, sondern rasselten für die männlichen Zuschauer ihre Telefonnummern herunter. In diesem Jahr geriet der Gedenktag an manchen Orten zur Riesenparty. In Teherans Trabantenstadt Ekbadan versammelten sich Tausende von Jugendlichen, die laute Musik spielten und Kerzen zu Ehren Hosseins anzündeten, nur um sie sich neckisch gegenseitig wieder auszublasen. Daß Ekbadan eine Hochburg der „Basidschis" ist, eines paramilitärischen Verbandes von Veteranen des iranisch-irakischen Krieges, störte niemanden. Als die Gottesfürchtigen gegen Mitternacht den Strom abdrehen wollten, skandierten die Teenager: „Lasst uns weiter um unseren Imam Hossein weinen" – und feierten ausgelassen weiter.

Was als hedonistisches Aufbegehren gegen die Doppelmoral der Mullahs begann, gewinnt zunehmend politische Bedeutung. „Freiheit", „Unabhängigkeit", „Gesetz" und „zivile Gesellschaft" sind viel und offen diskutierte Schlagworte, seit Mohammed Khatami im Frühjahr 1997 mit den Stimmen der Jugendlichen und Frauen zum Präsidenten gewählt wurde. Und Khatami weiß um seine Aufgabe. „Meinungen kann man nicht verbieten", verkündete er kürzlich in einer frenetisch bejubelten Rede von Studenten der Teheraner Universität. „Freiheit ist immer die Freiheit der Andersdenkenden", zitierte er gar Rosa Luxemburg.

Das sind die beständigen Überraschungen im Iran, die Zeichen unlösbarer Widersprüche eines Regimes, das seinem Volk kein einigendes nationales Ziel mehr anzubieten hat. Frauen sind per Gesetz Bürger zweiter Klasse, junge Mädchen ab neun Jahren heirats- und straffähig, aber erst ab 18 Jahren wahlberechtigt. Eine Frau, die ins

Ausland reisen will, braucht selbst als Erwachsene die Zustimmung des Vaters, Ehemanns oder Bruders. Jetzt wurde, ausgerechnet von einer weiblichen Abgeordneten, ein neuer Gesetzentwurf eingebracht, der die getrennte medizinische Behandlung von Frauen und Männern vorsieht. Gleichzeitig aber schwemmte die beständige wirtschaftliche Krise immer mehr und immer selbstbewusstere Frauen ins Arbeitsleben. Schriftsteller werden bei Unbotmäßigkeit gnadenlos verfolgt. Aber in den Buchhandlungen liegt neben Dostojewski oder Sartre auch George Orwells „1984" aus, das mittlerweile zum Bestseller in der 15. Auflage avanciert ist. „Die Dummköpfe merken nicht, daß das Buch nicht nur von den Kommunisten handelt", kommentiert jemand mein Erstaunen. „Schmutzige Kerle, die sich nur zu Olympischen Spielen die Zähne putzen" nannte vor kurzem ein junges Mädchen im Radio die Mullahs.

Noch finden diese Auseinandersetzungen innerhalb der vom System gesteckten Grenzen statt. Niemand würde es bislang offen wagen, für die Abschaffung des höchsten Amtes der Islamischen Republik zu plädieren, die von Hardliner Ali Khamenei besetzte Position des religiösen Führers. Und so doktern die wesentlichen Oppositionsgruppen noch an ihrer Strategie herum. Die einen, wie der Führer der „Freiheitsbewegung", Ibrahim Yazdi, wollen nur einklagen, was in der Verfassung steht: etwas Pressefreiheit und die Zulassung von Parteien. Für andere, wie die prominente Rechtsanwältin Shirin Ebadi, ist die Mullahkratie eine „missbrauchte Form des Islams". Sie möchte den Islam den Gegebenheiten der Moderne anpassen.

Für die Jugendlichen könnten solch theoretische Diskussionen schon zu spät kommen. „Wenn uns die Mullahs weiter nichts als Lüge und Korruption zu bieten haben, dann kann uns die ganze Religion gestohlen bleiben", sagt Mehdi trotzig. Ob Präsident Khatami noch gegensteuern kann, bevor ein Teil der Jugendlichen ganz vom Glauben abfällt, ist ungewiss.

„Khatami ist sehr sexy", findet zwar Mansur, 20-jähriger Student des Ingenieurwesens. „Aber Mullah bleibt Mullah. Und ich möchte eines Tages Brücken für Menschen bauen, nicht für Gott. Ohne die Mullahs vorher schmieren zu müssen." Leben sei doch ein Wert an sich, fügt der 19-jährige Navid hinzu. Er hat jedenfalls keine Lust, sich für Ideologie oder Religion aufzuopfern. „Wir wollen Freiheit, Offenheit für die Welt, ohne Kolonie des Westens zu werden", sagt er, „Reformen, aber keine Revolution, die nach so viel Blutvergießen keiner mehr verkraften könnte." Sollte ihre Revolte der kleinen Schritte vom Regime mit noch härterer Repression beantwortet werden, dann würden junge Iraner wie Navid schweren Herzens auswandern. Am liebsten „in ein Land, das unserem ähnlich ist". Na dann, kommentiert sein Freund Mansur, dem eher Florida als Exilort vorschwebt, spöttisch: „Geh doch nach Afghanistan.""
(Die Woche, 19. Juni 1998)

Der Einstig erfolgt hier kontrastiv: „Mehdi liebt sein Land. Deshalb hasst er die Mullahs". Konkretisiert wird diese allgemeine Aussage durch Statements des jungen Iraners, dem sich später noch solche anderer hinzugesellen. Zwischen die Aussagen zur aktuellen Situation schiebt die Verfasserin dann Passagen, die Hintergrundwissen vermitteln, aber auch Stimmungen, so daß der ganze Artikel sich durch die Bündelung lockerer Eindrücke und informativer Erkenntnisse zu einem Gesamtbild der Situation verdichtet.

Negativ ist die Tendenz, möglichst viele Themen und Stoffe verfietschern (ver-featuren) zu wollen.

Beim Fernsehen ist es wichtig, den Spannungsbogen vor allem mit optischen Mitteln aufzubauen und durchzuhalten.

4.5. Gespräch – Talk

Das Gespräch ist gekennzeichnet durch die Aussagen zweier oder mehrerer Partner, die gewillt sind, miteinander zu kommunizieren. Der Prozeß der Erkenntnisgewinnung oder -erweiterung, der Belehrung oder Unterhaltung wird szenisch abgewickelt. Interessante Aspekte, Neuigkeiten oder auch Probleme können von allen möglichen Seiten her beleuchtet und auch kontrovers ausgetragen werden. Gespräche können dem intellektuellen Austausch gleichrangiger Gesprächspartner dienen, dem ‚Schlagabtausch', dem Florettfechten mittels Worten, aber auch der Befriedigung der Neugier, der Ausdeckung von Intimitäten. Für den geschliffenen Austausch politisch oder gesellschaftlich interessanter Themen steht das vom *SPIEGEL* entwickelte ‚SPIEGEL-Gespräch', für die Form des Klatsch-Gesprächs ein Beispiel aus der *BUNTEN*.

Beispiel 19:

„Nicken und brav sein"
CDU-Familienministerin Claudia Nolte und die stellvertretende SPD-Vorsitzende Renate Schmidt über arme Kinder, Karrierefrauen und Hausmänner

Spiegel: Jedes zehnte Kind in Westdeutschland ist arm, im Osten sogar jedes fünfte. Die meisten Familien sind hoch verschuldet. Hat Ihre Familienpolitik, Frau Nolte, versagt?
Nolte: Nein. In Wirklichkeit geht es den meisten Familien heute nicht schlechter, sondern besser als früher. Alle Einkommensgruppen haben davon profitiert, daß in den alten Bundesländern binnen zehn Jahren die Durchschnittseinkommen um 50 Prozent gestiegen sind. Im Osten war der Anstieg noch größer. Die Zahlen über Armut, die seit einigen Wochen in der Diskussion sind, zeichnen ein falsches Bild.
Spiegel: Sie wissen es besser als die Wissenschaftler?
Nolte: Meine Position ist ebenfalls durch Wissenschaftler belegt. Der Streit über Statistiken und Definitionen hilft uns nicht weiter. Entscheidend ist doch, daß wir Familien und Kindern in konkreten Notlagen helfen müssen.
Schmidt: Frau Nolte, Sie verharmlosen Armut. Natürlich geht es Kindern hier besser als in Indien. Sie hungern nicht und haben etwas zum Anziehen. Aber das reicht in einem Land wie unserem nicht. Da gibt es Kinder, die vor Klassenfahrten oder Wandertagen regelmäßig krank werden, weil ihre Eltern das Geld nicht haben. Es gibt Kinder, die nie Freunde nach Hause einladen können. Wenn bei uns Ende 1997 von 2,9 Millionen Sozialhilfeempfängern 1,2 Millionen Kinder und Jugendliche sind, dann sind das 1,2 Millionen zuviel. Sie, Frau Nolte, machen nichts dagegen.
Nolte: Das stimmt doch gar nicht. Natürlich tun wir alles, damit Familien die Chance haben, aus der Sozialhilfe herauszukommen. Am wichtigsten dabei ist der Kampf

gegen die Arbeitslosigkeit. Und warum ist denn die Zahl der Familien, die Sozialhilfe beziehen, gestiegen? Erstens haben wir zwischen 1988 und 1995 fünf Millionen Menschen aus dem Ausland neu aufgenommen, viele davon Kinder. Einen erheblichen Teil von ihnen finden Sie in der Sozialhilfestatistik wieder. Zweitens nehmen leider Trennungen und Scheidungen zu. Die Folge ist meist, daß ein Einkommen plötzlich für zwei Haushalte reichen muß. Das hat aber der Staat nicht zu verantworten, das muß er bedauernd zur Kenntnis nehmen und die Betroffenen durch konkrete Hilfen unterstützen.

Schmidt: Das genau stört mich an Ihnen: Sie bedauern immer nur, aber Sie kämpfen nicht. Ich habe bei Ihnen bisher nur Willfährigkeit, Nicken und Schön-brav-Sein gefunden und keinerlei wirkliche Interessenvertretung von Familien. Der letzte durchsetzungsfähige Familienminister war Heiner Geißler.

Nolte: Für Ihre Wahrnehmungsfähigkeit bin ich nicht verantwortlich. Sie haben wohl vergessen, daß wir seit 1995 den Familienlastenausgleich reformiert und um 35 Prozent, das sind jährlich 13 Milliarden Mark, erhöht haben. Die familienpolitischen Leistungen des Bundes sind seit 1982, der Zeit der letzten SPD-Regierung, um fast 50 Milliarden auf 77 Milliarden Mark gestiegen.

Schmidt: Ich weiß, Sie arbeiten gerne mit diesen Zahlen. Aber die geben ein falsches Bild. Denn zwischen 1982 und heute liegt die deutsche Einheit. Unsere Bevölkerung ist um ein Drittel gewachsen, und es gibt entsprechend mehr Familien und Kinder. Und dadurch ist selbstverständlich auch das Volumen der staatlichen Leistungen angestiegen, ohne daß die einzelne Familie davon mehr hat.

Nolte: Die deutlichen Ausgabenzuwächse seit 1982 beruhen nur zu einem geringen Teil auf der deutschen Einheit. Das Problem liegt woanders. Eine wachsende Zahl von Menschen hat keine Kinder und kann sich dadurch einen Lebensstandard leisten, der für Familien unerreichbar ist. Diese Schere läßt sich auch durch staatliche Transferleistungen nicht völlig schließen. Deshalb ärgern mich die unseriösen Versprechungen der SPD. Sie verfrühstücken den Abbau von Steuersubventionen gleich zweimal: für die Steuerreform und für ein höheres Kindergeld. Damit bleibt ungeklärt, wie Sie 30 Mark mehr Kindergeld finanzieren wollen.

Schmidt: Unser Kindergeld von 250 Mark ist solide gegenfinanziert. Und zwar dadurch, daß wir Steuerschlupflöcher schließen und dafür sorgen, daß nicht Einkommensmillionäre weniger Steuern zahlen als ihre Putzfrauen. Die Familien mit Kindern können sich darauf verlassen. Die Verbesserung des Kindergeldes kommt, und zwar schon 1999.

Spiegel: CDU und SPD subventionieren mit ihren Steuermodellen über das Ehegatten-Splitting – das Paar wird steuerlich gemeinsam veranlagt – die Ehe, aber nicht die Familie mit Kindern. Ist das sinnvoll?

Nolte: Die auf eine Ehe gegründete Familie ist die bevorzugte Lebensform der meisten Menschen, und deshalb ist das Ehegatten-Splitting in erster Linie eine Familienförderung. Wer das Ehegatten-Splitting kürzen oder abschaffen will, belastet damit vor allem ältere Ehepaare, die jahrelang Kinder mit einem Einkommen großgezogen und dafür auf vieles verzichtet haben.

Schmidt: Auch ich will das Ehegatten-Splitting nicht abschaffen. Ich will es aber als Familien-Splitting gestalten: das heißt, die Steuervorteile stärker nach der Zahl der Kinder ausrichten. Denn die Zahl der Alleinerziehenden nimmt im Westen stetig zu. In Ostdeutschland war der Anteil der Alleinerziehenden schon vor der deutschen Einheit deutlich höher als bei uns.

Nolte: Ich finde, die Menschen können leben, wie sie wollen – aber nicht jede Lebensform müssen wir staatlich genauso fördern wie die Ehe. Dennoch helfen wir natürlich Alleinerziehenden. Wir haben die Leistungen für sie ausgebaut und wollen das weiter tun. Im übrigen ist das Splitting die einzige Form der Familienförderung, die an der Ehe ansetzt. Alle anderen Leistungen, wie Erziehungs- oder Kindergeld, orientieren sich ja an den Kindern. Beide werden wir, sobald die Finanzen dies zulassen, erhöhen.

Schmidt: Leere Versprechungen. Im Haushalt 1999 und in der mittelfristigen Finanzplanung ist dafür kein Geld vorgesehen.

Nolte: Liebe Frau Schmidt, wie Sie wissen, hat die Legislaturperiode vier Jahre. Wir haben gerade bewiesen, daß wir es ernst meinen: Ein Plus von 13 Milliarden Mark jährlich für Familien ist schließlich kein Pappenstiel.

Spiegel: Erziehungsgeld und Erziehungsurlaub werden meist von Frauen beantragt, weil sie in der Regel weniger verdienen und der Verdienstausfall für Familien besser zu verschmerzen ist. Erschwert das, was als Frauenförderung gedacht war, nicht erst recht die Rückkehr in den Beruf?

Schmidt: Leider, in vielen Fällen ist das so. Ich würde heute einer jungen Frau immer raten, möglichst bald nach der Mutterschutzfrist wenigstens als Teilzeitkraft zu arbeiten. Natürlich wird einer Frau, die drei Jahre aus dem Erwerbsleben draußen ist, gerade in kleinen Firmen die Rückkehr schwergemacht.

Nolte: Das läßt sich so pauschal nicht belegen. In den siebziger und achtziger Jahren, bevor es die Erziehungsjahre gab, haben die Frauen im Schnitt eine Pause von 12 bis 15 Jahren für die Kindererziehung gemacht. Heute sind es 3 bis 6 Jahre.

Schmidt: Da müssen Sie mal einer älteren Dame glauben, Frau Nolte: Das hat nichts mit Erziehungszeiten zu tun, sondern mit Mentalitätsveränderungen. Als ich in den sechziger Jahren nach der Geburt meiner Kinder zurück in den Beruf ging, galt ich noch als Rabenmutter. Eine Frau hatte zu Hause zu bleiben. Heute sind die Erziehungszeiten viel zu starr. Warum ist es etwa nicht möglich, ein Jahr der Beurlaubungszeit nach der Geburt, den Rest später zu nehmen?

Nolte: Weil das Arbeitsmarktrisiko für Frauen dadurch nicht kleiner, sondern noch größer wird. Freiwillige Vereinbarungen für flexible Modelle, auch für Teilzeitstellen, finde ich gut und wichtig. Aber wenn Sie einen Rechtsanspruch schaffen, wird das viele Arbeitgeber abschrecken.

Spiegel: Über Teilzeitmodelle entscheiden die Tarifparteien, manchmal auch die Sozialpolitiker. Zeigt das nicht, wie wenig Familienpolitikerinnen zu melden haben?

Nolte: Familienpolitik ist Querschnittspolitik, und deshalb rede ich nicht nur mit anderen Ministern, sondern auch mit Unternehmern und vielen anderen. Entscheidend ist doch, daß Modelle auch praktiziert werden:

Schmidt: Frau Nolte, jetzt kneifen Sie. Sind Sie für Sozialhilfe zuständig oder Ihr Kabinettskollege Horst Seehofer?

Nolte: Seehofer, aber wo ist das Problem?

Schmidt: Das Problem ist, daß Sie immer nur die Situation von Familien beklagen dürfen, aber sie nicht ändern können – ein unmöglicher Zustand.

Nolte: Wir fällen im Kabinett unsere Entscheidungen gemeinsam. Und wir haben auf diese Weise viele Verbesserungen für Frauen und Familien erreicht, zum Beispiel die stärkere Anerkennung von Erziehungsleistungen bei der Rente.

Schmidt: Herzlichen Glückwunsch! Wir haben das jahrelang gefordert. Sie wollten es nicht. Erst auf Druck des Verfassungsgerichts haben Sie gehandelt.

Gespräch – Talk

Nolte: Das ist absoluter Quark. Die höhere Bewertung der Erziehungszeiten haben wir ganz alleine durchgesetzt, ohne daß wir dazu verpflichtet gewesen wären. Davon profitieren 7,7 Millionen Mütter. Es ist eine ganz alte Forderung der Frauen in der CDU, Erwerbsarbeit und Familienarbeit gleich zu bewerten, auch bei der Rente.
Spiegel: Hat das klassische Familienmodell überhaupt noch eine Zukunft?
Nolte: Mein Ideal ist es, daß möglichst viele Frauen und Männer sagen können, wir haben unsere Entscheidung so getroffen, wie es für uns als Paar und für die Kinder am besten ist. Wenn eine Mehrzahl der Frauen zufrieden damit ist, daß sie die Hauptverantwortung bei der Erziehung übernehmen, ist das genauso in Ordnung wie umgekehrt.
Schmidt: Ich wünsche mir, daß in Zukunft Männer und Frauen tatsächlich die Familienarbeit und die Berufsarbeit teilen – nicht an jedem Tag, aber im Laufe ihres gemeinsamen Lebens. Daß Männer sich genauso begeistert um Kinder kümmern wie Frauen um ihren Beruf und daß dies deshalb möglich ist, weil beide annähernd gleich verdienen. Außerdem sollten Frauen und Männer wissen, was sich der jeweils andere von einer Partnerschaft wünscht. Ich fände es gut, wenn in den Schulen das Fach Partnerschaftskunde eingeführt würde.
(DER SPIEGEL 38/14. September 98, 98–102)

Das abgedruckte Gespräch fand in der letzten Phase des Bundestagswahlkampfs 1998 statt. Anlaß war ein Anfang September veröffentlichter Kinder- und Jugendbericht, den das Familienministerium hatte anfertigen lassen. Während in diesem eine zunehmende Kinderarmut in Deutschland festgestellt wurde, bestritt die Ministerin diese. Sie muß ihre Position im Gespräch nun ebenfalls verteidigen, während Frau Schmidt als Vertreterin der größten Oppositionspartei Angriffe starten kann. *SPIEGEL*-Redakteure versuchen mit möglichst provozierenden Fragen dem Gespräch den nötigen Reiz für die Leser zu geben. Fragen wie „Hat Ihre Familienpolitik, Frau Nolte, versagt?", sind typisch. Ihnen muß die Ministerin möglichst entkommen, und sie tut dies, indem sie versucht, sachlich, aber auch möglichst allgemein in ihrer Argumentation zu bleiben. Vor allem der von ihr verwendete Fachjargon kann als Flucht in die oberflächliche Fachlichkeit gesehen werden.

Frau Schmidt versucht anschaulicher zu diskutieren, verwendet Beispiele aus dem Alltag, wird damit konkreter und für den Leser verständlicher. Sie argumentiert aus ihrer Lebenserfahrung heraus, stellt klare Forderungen auf, landet aber auch Treffer durch ironische Wendungen wie durch Schlagfertigkeit.

Da Frau Nolte vor allem mit vorbereiteten Statements, außerdem mit Zahlen und Statistiken operiert, wirkt sie zwar oberflächlich als kompetent, kann aber wenig überzeugen. Sie ist überinformativ, schwer verständlich und wenig relevant. Die Fülle an Zahlen kann nicht überprüft werden, vor allem nicht im Gedächtnis abgespeichert. Sie vertritt eine Rolle sowie die Parteilinie.

Frau Schmidt ist informativ, bringt relevante Argumente, vor allem vertritt sie eine klare Position. Ihre Aussagen sind einprägsam, können mit dem Vorwissen der Leser leicht in Einklang gebracht werden.

Beispiel 20:

Die Liebesformel: *Vertrauen und bloß keinen Streß*

Schauspielerehen gelten gemeinhin als schwierig, wenn nicht als aussichtslos. Zwei TV-Egomanen mit Trauschein und dem Abo auf Glück zu zweit – eher unwahrscheinlich und auch eher selten. Zwei deutsche Stars beweisen seit Jahren das Gegenteil: Michaela Merten, 33 („Katrin ist die Beste"), und Pierre Franck, 44 („Der Totmacher"), scheinen das Glück auch im siebten Ehejahr gepachtet zu haben. In BUNTE verraten sie das Geheimnis ihrer Ehe: Sex, Sex, Sex. Irgendwie nicht wirklich erstaunlich.

Bunte: Sie sind offensichtlich wirklich superglücklich. War das eigentlich Liebe auf den ersten Blick?
Pierre: Damals ist der Blitz eingeschlagen bei uns. Bereits nach zwölf Tagen haben wir beschlossen zu heiraten.
Michaela: Kann man so sagen. Ich habe mich nie gefragt: Soll ich mit dem in Urlaub fahren? Ich bin gleich mit Pierre zusammengezogen.
Bunte: Inzwischen komplettiert Tochter Julia, 5, das häusliche Glück. Wie schaffen Sie es, Familie und Beruf unter einen Hut zu bringen?
Pierre: Einer von uns ist immer bei Julia. Als Michaela „Katrin ist die Beste" gedreht hat, habe ich mich ausgeklinkt und zwei Jahre lang gar nicht gearbeitet.
Bunte: Ist es nicht beruflich schwierig, sich einfach zurückzuziehen?
Pierre: Überhaupt nicht, denn ich habe dadurch mit meiner Tochter eine sehr innige Beziehung aufgebaut. Es war mir echt egal, ob mich einer für eine Rolle besetzen wollte. Mir war es wichtiger, mit meiner Kleinen viel Zeit zu verbringen.
Bunte: Wollten Sie beide ein Kind?
Pierre: Ich wollte unbedingt Vater werden. Deshalb habe ich auch die Beziehung davor beendet, weil meine Ex-Freundin kein Kind wollte.
Michaela: Ich wollte unbedingt ein Kind mit Pierre. Wir wissen beide auch genau, wann es passiert ist. Das war eine außergewöhnliche Sommernacht auf Sylt.
Pierre: Heute stehen Michaela und Julia für mich immer an erster Stelle. Früher war ich ein Hallodri, ein Abenteurer, der nichts anbrennen ließ. Das ist vorbei.
Bunte: Machen Frauen Sie nicht mehr an?
Pierre: Ich finde andere Frauen toll, aber nicht mehr geil. Ich denke nicht mehr: Was die wohl drunter trägt? oder solche Dinge. Was Sexualität betrifft, habe ich früher nichts ausgelassen. Ich bin ein sehr neugieriger Mensch – gerade was die körperliche Liebe betrifft: mit einer Frau, mit zweien oder mit dreien – ich habe alles ausprobiert.
Bunte: Sie bekommen doch beide sicher ständig Angebote vom anderen Geschlecht.
Pierre: Das bleibt nicht aus, wenn du ein bekanntes Gesicht hast, aber den Frauen ist schnell klar, daß da nichts läuft. Ich will heute mehr als nur Sex, ich will diese Geborgenheit und Zusammengehörigkeit nicht missen, die ich mit Michaela erlebe.
Michaela: Mir geht es ähnlich. Ich bin zwar geschmeichelt, wenn mich ein Mann anbaggert, aber ich lehne alle Angebote definitiv ab.
Bunte: Wie wichtig ist Sex für Ihre Beziehung?

Pierre: Sehr wichtig. Wir haben leidenschaftlichen Sex, lustigen Sex, außergewöhnlichen Sex. Sex macht uns beiden viel Spaß, aber wir nehmen uns auch immer Zeit dafür. Wir schlafen nicht miteinander, wenn wir gestreßt sind. Purer Beischlaf um des Beischlafs willen – nein, danke.
Bunte: Was machen Sie, wenn Sie wegen des Berufs nicht zusammensein können?
Pierre: Michaela ist die Befriedigung meiner Lust, auch meiner gedanklichen Lust. Aus dieser Lust schöpfe ich Kreativität und Kraft. Wenn ich nicht mit ihr zusammen bin, arbeite ich noch intensiver.
Bunte: Und wie ist die Lage zur Zeit?
Pierre: Wir sind im verflixten siebten Jahr, und da ändert sich einfach was. Bisher waren wir höchstens mal zwei Wochen getrennt, jetzt war es erstmals ein Monat. Diese Trennungen sind zwar eine Prüfung für die Beziehung, aber vielleicht gar nicht mal so schlecht.
Michaela: Unsere Beziehung hat sich verändert, aber wir sind ja Seelenverwandte, wir belügen und betrügen uns nicht, sondern vertrauen uns absolut.
Pierre: Selbst wenn Michaela mit einem anderen Mann ins Bett gehen würde, wäre das kein Trennungsgrund für mich.
Bunte: Soll das heißen, fremdgehen ist in Ihrer Beziehung erlaubt?
Pierre: Sex ist doch in erster Linie etwas, was Spaß machen soll. Angenommen, Michaela hätte ein Verhältnis mit einem anderen Mann, wäre das einzige, was mich interessiert: Will sie bei mir bleiben?
Bunte: Ganz schön großzügig.
Pierre: Wenn du nicht auslebst, was deinen Wünschen entspricht, verrätst du erst mal dich selbst. Nehmen wir mal an, ich würde nicht fremdgehen, weil ich sonst unsere Beziehung kaputtmache, aber eigentlich habe ich den dringenden Wunsch, mit einer anderen Frau ins Bett zu gehen, dann verrate ich doch mich selbst. Man muß sich selbst leben. Eine Beziehung darf einen nicht begrenzen.
Michaela: Man soll doch freiwillig zusammenbleiben und nicht, weil man das auf einem Papier so festgelegt hat.
Bunte: Waren Sie in Ihren früheren Beziehungen auch so locker?
Michaela: Ich bin ein Beziehungsmensch und war immer treu, bis ich mich neu verliebt habe. Ich hatte in einer Beziehung nie One-night-Stands.
Pierre: Mir ist diese Beziehung wichtiger als alles andere. Früher war ich mal der Betrogene und mal derjenige, der fremdgegangen ist. Ich kenne Nächte, in denen ich zu Hause wachlag, und meine Frau war bei einem anderen Kerl, und ich kenne es umgekehrt. Bei Michaela gab es das nie. Wir sind sehr spirituelle Menschen. Ich hatte von Anfang an das Gefühl, daß wir uns schon tausend Leben lang kennen.
Michaela: Ich sehe uns beide manchmal alt und verschrumpelt werden, aber immer sitzen wir zusammen.
(BUNTE 38/10. September 1998, 51)

Am Gespräch sind beteiligt die *BUNTE*-Autorin Christiane Soyke als Stichwortgeberin, sowie das Schauspieler-Ehepaar Michaela Merten und Pierre Franck. Schauplatz ist die Paris-Suite des Münchner Hotels ‚Bayerischer Hof'. Das Paar liegt während des Gesprächs mit der Autorin im Bett, läßt sich von einem Ober Champagner servieren, und so vom Fotografen für die Begleitbilder auch ablichten.

Die Autorin eröffnet das Gespräch mit der Vermutung, das Paar sei „offensichtlich wirklich superglücklich" und fragt nach der ersten Begegnung. Pierre antwortet, wie er das mit Ausnahme der Schlußfrage weiterhin macht, als erster und versichert, die Liebe habe wie ein Blitz bei ihnen eingeschlagen. Ehefrau Michaela ergänzt, man sei gleich zusammengezogen.

Das gelenkte Gespräch dreht sich im weiteren Verlauf um die Fragen, wie man Beruf und Familie zusammenbringen könne, Kinderwunsch, Sex, Fremdgehen und Zukunftsperspektiven. Es gelingt der Autorin, mit locker gestellten Fragen ein Maximum an Auskunft zu Dingen zu erhalten, die eigentlich der Intimsphäre angehören, von denen die Yellow Press aber lebt. (Wengerzink 1997)

In Rundfunk und Fernsehen sind Diskussionen unterscheidbar gegenüber Talks. Erstere haben eine Thematik, um die die Gesprächsteilnehmer unter Anleitung eines Moderators ernsthaft bemüht sind. Bei Talks überwiegt der Unterhaltungswert für die Zuschauer.

Seit 1992 werden im deutschen Fernsehen werktägliche Talkshows ausgestrahlt, die wegen ihrer geringen Produktionskosten einen enormen Boom erlebten. Zentrale Figur ist der Talkmaster bzw. seine weibliche Entsprechung. Er versucht die Gäste zu animieren, ihre Gefühle, Befindlichkeiten und vor allem Betroffenheiten möglichst krass oder konträr zu einem Partner herauszustellen, um die im Studio anwesenden Zuschauer und die daheim vor dem Bildschirm zu amüsieren.

Beispiel 21:

Thema: Du willst Sozialhilfe? Dann tu was für uns alle!

Bärbel Schäfer: „Wenn man in unserem Land Sozialhilfe kassiert, werden in letzter Zeit die Stimmen immer lauter, daß äh Mitmenschen fordern, wenn du schon Sozialhilfe kassierst, dann sollte man auch etwas für die Gemeinschaft tun. Das heißt, das in irgendeiner Form äh der Gemeinschaft äh zurückbringen, in Form vielleicht von gemeinnützigen Arbeiten. Wir wollen heute darüber ein bißchen diskutieren, und mein erster Gast hat ne ganz klare Meinung dazu, hier ist er – Guido.
[Musik] *[Applaus]*
Guido: Hallo.
[Applaus]
Guido: Sozialhilfeempfänger müssen zur Zwangsarbeit herangezogen werden.
[Johlen] *[Applaus]*
Schäfer: Guido, wie alt bist du?
Guido: Ich bin 29
Schäfer: Und hast du nen Job? Arbeitest du regelmäßig?
Guido: Ich hab einen Job, ich arbeite auch regelmäßig. Ich bin Postbeamter.
Schäfer: Hmhm – wie kommst du äh zu dieser Meinung, daß Sozialhilfeempfänger – Zwangsarbeit ist ja 'n relativ hartes Wort. Wieso?
Guido: Also – Bärbel – zuerst muß ich sagen, man muß Unterschiede machen. Zum Beispiel, alte Leute, die, sag ich mal, dreißig Jahre gearbeitet haben oder kranke Leute, das ist klar, daß die Sozialhilfe irgendwann bekommen, äh muß man verstehen.
Schäfer: Hmhm

Gespräch – Talk

Guido: Aber ich sage mir, junge Leute, die körperlich fit sind und die äh tja noch arbeiten könnten gehen und keine Lust haben zum Arbeiten, das ist halt das Problem, ne.
Schäfer: Aber gehst du denn davon aus, daß jeder, der Sozialhilfe kassiert, keine Lust hat zu arbeiten?
Guido: Die meisten ja, die meisten haben keine Lust zum Arbeiten. Ich selbst –
[Zwischenruf] (unverst.)
Schäfer: Das heißt für dich sind die meisten
[Zwischenruf] (unverst.)
Schäfer: für dich sind die meisten Sozialhilfeempfänger dann Schmarotzer oder wie würdest du das bezeichnen?
Guido: Sie sind faul, ich sag mal, du bekommst ja erst mal Arbeitslosenhil – äh Arbeitslosengeld, Arbeitslosenhilfe bis du das mal bekommst und dann die Sozialhilfe, sind ja schon mal zwei Jahre ins Land gegangen
Schäfer: Hmhm
Guido: so, ne und in der Zeit
[Zwischenruf] (unverst.)
Guido: in der Zeit kannst du dir eine Arbeit suchen, egal wie, die Hauptsache ist doch, man kann arbeiten.
Schäfer: Das aber was, was verfestigt denn deine Meinung, hast du in deinem Umfeld Freunde die Sozialhilfe bekommen, was macht dich da so sicher, daß die meisten, wenn du sagst grade junge, daß die faul sind und nicht arbeiten wollen?
Guido: Ja ich seh das ja, das kann ich dir haargenau sagen, zum Beispiel mir ist es schon mal passiert
[Zwischenruf] (unverst.)
Guido: wie gesagt, ich bin auf Zustellung, Briefträger und komm denn da mit der Post her
[Zwischenruf] wixer
Guido (an Zwischenrufer) na sag's nicht so
[Zwischenruf] is doch wahr
Schäfer: (an Zwischenrufer) du es kann hier keiner verstehen, wenn du dazwischenrufst, einfach n bißchen Ruhe, laß ihn einfach mal ausreden
[Zwischenrufer] ja ich laß ihn ausreden
Schäfer: okay
Guido: ja paß auf, es gibt ja Leute also an dem Tag haste dann mal mehr, manchmal weniger und dann biste n bißchen später unterwegs und dann sitzen solche besagten Leute, die sitzen denn, sag ich mal, unterm Sonnenschirm zu Hause vor der Terrase und ich komm dann da her und die sitzen da mit der Flasche Bier in der Hand und sagen dann, mein Gott biste heute spät, na hör mal, da bleibt mir die Spucke weg ne
Schäfer: Aber daraus schließt du dann, daß die meisten irgendwie faul sind und in der Sonne sitzen und sich gemütlich einen trinken, während du dann arbeiten mußt.
Guido: ja ja natürlich
Schäfer: Was sollen, was sollen die denn deiner Meinung nach machen, wenn du
Guido: ja, sie sollen sich
Schäfer: Zwangsarbeit forderst
Guido: Sie sollen sich darum kümmern, sich ne Arbeit zu suchen und zwar unter Zwangsarbeit versteh ich jetzt äh in dem Moment man merkts ja, wer faul ist und nicht und da sag ich mir, die Leute müssen ne Beschäftigungstherapie haben

Schäfer: Aber wie sollen die denn deiner Meinung nach beschäftigt werden, es sucht sich ja keiner, kann ich mir vorstellen, freiwillig aus, Sozialhilfe zu kassieren oder bist du da anderer Meinung.
Guido: Ja da bin ich anderer Meinung, also die meisten, wie gesagt, sind halt in der Lage, sich nicht zu beschäftigen, und dann kommen se halt
Schäfer: Was sollen die Menschen denn machen?
Guido: Ja zum Beispiel
Schäfer: Solln se die Straße fegen oder solln se den Schulhof aufräumen:
Gudo: Se solln die Straße fegen
Schäfer: oder dir beim Briefetragen helfen?
Guido: Wegen mir solln se in den Steinbruch gehen ne und die Steine von A nach B schicken und am nächsten Tag die Steine wieder von B nach A schicken.
Schäfer: Aber da hätten wir doch als Gemeinschaft oder da hätte die Gesellschaft letztendlich auch nix davon.
Guido: Doch hätten schon, so arbeiten die dann ja für ihr Geld, die Hauptsache is doch, sie wollen arbeiten, sie zeigen es, daß sie arbeiten.
Schäfer: hmhm also du hast, du hast das Gefühl, das fehlt denen
Guido: Ja, das fehlt denen, die wissen überhaupt gar nicht, was das Wort arbeiten bedeutet.
Schäfer: hmhm
Guido: Wenn ich zwei Jahre
[Zwischenruf] du hast doch (unverst.)
Guido: Wenn ich zwei Jahre
[Zwischenruf] (unverst.)
Guido: (an Zwischenrufer) na paß auf, auf dich
[Zwischenruf] was paß auf
Guido: (an Zwischenrufer) auf dich hab ich hier gewartet
[Zwischenruf] komm hier rüber du
Guido: (an Zwischenrufer) nein
Schäfer: Nur äh ich würd ganz gerne noch mal wissen, sollten das denn nicht Beschäftigungen oder Betätigungen sein, die dann vielleicht allen nutzen, also wenn du sagst, Hauptsache die sollen lernen zu arbeiten, unterstellst du ja äh allen, daß die garnicht arbeiten wollen – (usw.).
(RTL Bärbel Schäfer „Du willst Sozialhilfe? Dann tu was für uns alle!" 2. Oktober 1997)

Die Redaktion zielt mit der Sendung auf die Gruppe der 14- bis 49-jährigen Zuschauerinnen. Aufgegriffen werden sollen brennende Fragen, die in der deutschen Gesellschaft bestehen. Sie sollen möglichst kontrovers behandelt werden. Aufgabe der Moderatorin ist es also, für einen möglichst heftigen oder effektvollen Schlagabtausch zu sorgen. Laut Werbeprospekt der Produktionsfirma creaTV von 1997 heißt es: „Bärbel Schäfers Kunst besteht darin, auch heikle Themen, harte Geschichten, unangenehme Situationen, spannende Momente mit einer unnachahmlichen Mischung aus Offenheit, Schlagfertigkeit, Mutterwitz und Warmherzigkeit zu meistern". Die kesse Szenefrau hat die Aufgabe, den Gästen möglichst provozierende Aussagen zu entlocken, möglichst gegensätzliche Positionen aufzubauen, durch den Aufruf neuer Gäste neue Höhepunkte der Sendung zu setzen. Sie bewegt sich recht frei im Raum, was ihr eine hohe visuelle Dynamik verleiht, wendet sich den Gästen zu, aber auch den Zuschauern, die durch ihr Aufstehen signalisieren, daß sie etwas zum Talk beitragen möchten. Die Moderatorin hat eine bevorrechtigte Sprecherrolle. Sie realisiert die Sprecherwechsel qua initiierender Dialogakte und gibt damit den Gesprächspartnern lediglich die Möglichkeit zur respondierenden Handlung. Sie unterbricht Gesprächsbeiträge und bricht sie sogar ab, was zur Folge hat, daß sich Argumente aufstauen, die später um so aggressiver vorgebracht werden. Konfrontative Fragen wie die an Guido „Wie kommst Du zu der Meinung, daß Sozialhilfeempfänger ... Zwangsarbeit ist ja ein relativ hartes Wort?", zwingen zur schnellen Reaktion, zu überwiegend sehr persönlichen Aussagen.

Das Mittel der Polarisation wird die ganze Sendung hindurch von Bärbel Schäfer angewendet. Sachlich ist sie nicht immer gut vorbereitet. In Sachen Arbeitslosen- und Sozialhilfe kennt sie sich nicht aus und operiert mit Zahlen, die falsch sind, übernimmt sogar Zahlen ihrer Gesprächspartner, interpretiert diese aber völlig falsch. Wichtig ist das Aufeinanderprallen von Steuerzahlern und Sozialhilfeempfängern, der verbale Streit, der letztendlich im Leeren endet. Gefüllt ist nur die vorgegebene Sendezeit.

4.6. Glosse

Die Glosse ist wie der Kommentar meinungsorientiert. Ihr Ziel ist, Willensbildung oder tätige Stellungnahme beim Leser dadurch zu erreichen, daß eine Kommentierung überspitzt wird, daß eine Meinung ironisch oder kritisch-satirisch angegriffen wird. In manchen Fällen macht sie eine Person oder Sache lächerlich. Der Glossierende greift meist beiläufig erscheinende Vorfälle auf, die er als Symptome tiefer greifender Wandlungen ausdeutet. Verwendet werden eine zugespitzte, polemische Sprache, satirisch aggressive Sprach- oder Stileffekte, manchmal kühne Metaphern und Vergleiche, ironische aufgespießte oder umgedeutete Zitate, spöttische Anredeformen, Sprichwort- und Gemeinplatz-Variationen und Wortspiele. Am Ende steht häufig eine als Pointe formulierte Schlußfolgerung oder eine Zusammenfassung in Form einer Pointe. Generell wird das Thema in der Überschrift nur angedeutet.

Beispiel 22:

Vom Dativ zum Akkusativ
(Walther Wuttke)
Neulich beim Klassentreffen. Die Stimmung hatte den Höhepunkt erreicht, nachdem das zwanzigste Paket mit den Fotos der Familie, dem Haus, dem Wagen und dem Boot herumgegangen war. Nur Michael, zu Schulzeiten als Klassenclown ganz entscheidend

an der Verbesserung des Arbeitsklimas beteiligt, hielt sich zurück. Das war äußerst bedenklich. „Sagen Sie mal", meinte auf einmal der ehemalige Deutschlehrer der Klasse mit einem nicht zu überhörenden abschätzigen Ton in Richtung Michael, „was ist eigentlich aus Ihnen geworden?" Michael hatte den Deutschlehrer schon während seiner Schulzeit nicht sonderlich geschätzt. Mit einem ironischen und zugleich triumphierenden Lächeln meinte er: „Ich gebe Deutschunterricht, und zwar für TV-Stars. Davon läßt sich übrigens ausgezeichnet leben." Der Deutschlehrer, der nach seiner Frühpensionierung die Sterne von Gourmet-Restaurants sammelte, wurde bleich. „Sie Null geben Deutschunterricht? Sie konnten doch schon bei mir den Dativ nicht vom Akkusativ unterscheiden."

Michaels Lächeln wurde noch eine Spur triumphierender. „Genau, das ist es, Herr Oberstudienrat, genau das ist mein Erfolgsrezept. Bei dem Mist, der jeden Tag über den Bildschirm flimmert, muß man sich doch irgendwie absetzen. Und wenn man es schon nicht mit den Themen schafft, dann wenigstens mit einer, sagen wir, originellen Auffassung von der Grammatik, die Sie versucht haben, uns im Unterricht nahezubringen."

Wie früher hatte Michael wieder die Lacher auf seiner Seite. „Und wer sind deine Schüler?" wollte jemand wissen. „Na ja, ich darf es ja eigentlich nicht sagen, aber meint ihr etwa wirklich, Verona Feldbuschs Dativ sei angeboren?"
(Rheinischer Merkur 32/7. August 98)

Aufhänger der Glosse ist die öffentliche Diskussion über grammatische Fehlleistungen der Fernsehmoderatorin Verona Feldbusch. Der Glossator überspitzt diese durch die Behauptung, sie seien ihr antrainiert worden von einem Lehrer, der selbst in der Schule einen Dativ nicht von einem Akkusativ unterscheiden konnte. Eingebettet wird die Pointe in eine banale Geschichte, was deren Reiz besonders erhöht.

Glossen, die lokale Ereignisse angehen, nennt man Lokalspitzen.

4.7. Interview

Wie im Porträt können auch im Interview Menschen in ihrem Tun und Denken den Zeitungslesern nahegebracht werden. Auch hier steuert der Interviewer den Interviewten durch seine Fragen, versucht möglichst neue Informationen oder Sichtweisen hervorzulocken. Zentral ist die Gewichtung einmal auf die Person, die etwas zu sagen hat, deren Meinung in der Gesellschaft etwas gilt, zum anderen auf die Sache, um die geäußerte Meinung, die für den Leser Folgen haben könnte, ihm Anweisung geben kann, für die Ausrichtung seines eigenen Handelns.

Beispiel 23:

„Erhebliches Dunkelfeld"
Baden-Württembergs Justizminister THOMAS SCHÄUBLE über die Reform des Geldwäschegesetzes

DIE WOCHE Wie viel Geld wird in Deutschland jährlich gewaschen?
THOMAS SCHÄUBLE Es geht in Deutschland um verdächtige Transaktionen im Wert von vielen 100 Millionen Mark, die die Banken jedes Jahr anzeigen. Allein in Baden-Württemberg waren es im vergangenen Jahr 75 Millionen Mark.
DIE WOCHE Wie viele Millionen davon werden eingezogen?
SCHÄUBLE Fünf Jahre nach Einführung des Geldwäschegesetzes müssen wir eine ernüchternde Bilanz aufmachen. Wir haben 1997 gerade mal 1,5 Millionen Mark beschlagnahmt. Das ist eine frustrierend geringe Summe. Vor allem wenn man bedenkt, daß es ein erhebliches Dunkelfeld gibt. Die Schätzungen gehen in die Milliarden, die Jahr für Jahr in Deutschland gewaschen werden sollen.
DIE WOCHE Wie soll den Geldwäschern das Handwerk gelegt werden?
SCHÄUBLE Wir haben jetzt erst einmal eine Reform des ganzen Gesetzespaketes in Bonn durchgekriegt. Das ist leider in der Diskussion über den Lauschangriff untergegangen. Da gibt es schon einige Verbesserungen. Wir können jetzt bei Verdacht Geldanlagen bis zu einem halben Jahr blockieren. Das wird wehtun.
DIE WOCHE Aber noch immer müssen Polizei und Staatsanwaltschaft den Nachweis erbringen, daß die verdächtigen Geldbeträge aus einer Straftat stammen?
SCHÄUBLE Das ist schon richtig. Aber jetzt steht mehr Zeit für Ermittlungen zur Verfügung.
DIE WOCHE Ermittler in ganz Deutschland haben aber erhebliche Zweifel, ob das eine wirkliche Verbesserung bringt. Der Bund der Kriminalbeamten fordert nach wie vor, Verdächtige müßten beweisen, daß sie das Geld auf legalem Wege erworben haben.
SCHÄUBLE Wir können nicht ein Gesetz verabschieden und gleich wieder über Verbesserungen reden. Wir müssen dem Gesetz eine faire Chance geben. In zwei Jahren schauen wir dann mal, wie sich die Lage verändert hat.
DIE WOCHE In zwei Jahren haben wir den Euro und dann können zum Beispiel Drogengelder aus Spanien ohne Umtausch in Deutschland eingezahlt, überwiesen und verschleiert werden. Schon jetzt funktioniert die internationale Zusammenarbeit unter den nationalen Polizeibehörden eher nach dem Zufallsprinzip.
SCHÄUBLE Wir richten jetzt im Bundeskriminalamt eine zentrale Datei ein, um die Verdachtsanzeigen zentral zu erfassen. So etwas muß es auch auf internationaler Ebene geben, damit nicht nur Mosaiksteinchen im Raum rumschwirren, sondern sich ein ganzes Bild ergibt.
DIE WOCHE Das ist alles Zukunftsmusik. Als Justizminister des Landes Baden-Württemberg sind Sie noch zu Zeiten der Großen Koalition für die Umkehr der Beweislast eingetreten. Jetzt gilt das nicht mehr?
SCHÄUBLE Ich habe das mitgetragen. Aber wir haben immer gesagt: Verfassungsrechtlich ist das nicht ganz einfach.
DIE WOCHE Sie wollen lieber den Austausch von Dateien ermöglichen?
SCHÄUBLE Wir müssen die Mittel der Geldwäschebekämpfung international vereinheitlichen. Dazu gehört ein solcher Datenverbund. Und dann müssen wir schon schauen, daß auch die Möglichkeiten an das Geld international agierender Banden heranzukommen in den Staaten mit den großen Finanzmärkten weitestgehend gleich sind. Sonst wird das Problem von einem Land in ein anderes verschoben. Es kann auf Dauer nicht sein, daß der Staat in Italien oder den USA auf kriminelle Vermögen besser zugreifen kann als in Deutschland.
Interview: HILMAR HÖHN
(Die Woche 26, 26. Juni 1998)

Hier wird ein Experte, der CDU-Justizminister von Baden-Württemberg, der Rechts- und Staatswissenschaften studierte, von einem Mitglied der Wirtschaftsredaktion der Zeitung befragt. Da sich der Minister auf das Interview vorbereiten konnte, ist er präpariert und kann zu jeder aufgeworfenen Problematik Stellung beziehen. Er operiert vor allem mit Zahlen, über die er verfügt und die dem Leser sicher neu sind, zieht Bilanz zu den Verhältnissen der Vergangenheit und verweist optimistisch auf Möglichkeiten, die eine Reform des Geldwäschegesetzes bringen sollen.

Im Hörfunk sind Interviews leicht einzusetzen. Sie sind billig und füllen Sendezeit. Partner sind leicht zu bekommen, entweder ins Studio oder ans Telefon.

Beispiel 24:

> Redakteur: „Entspannte Gesichter bei den WMF-Verantwortlichen. Beim Besteck- und Küchenwarenhersteller war das letzte Jahr nicht so trübe, wie es zwischenzeitlich ausgesehen hatte. WMF-Sprecher Jürgen Vogler:"
>
> Vogler: „Wir ham 1996 den Umsatz des Vorjahres nahezu wieder erreicht. Und wenn man das gesamte sehr schwierige Umfeld sich anschaut, sind wir mit der Entwicklung durchaus zufrieden."
>
> Redakteur: „Zufrieden kann Vogler 750 Millionen Mark Umsatz aus dem Kochtopf ziehen. Nur 5 Millionen Mark weniger als im Vorjahr. Dabei war im Inland ziemlich kalte Küche angesagt. Vielmehr hat das Ausland den Umsatz hochgekocht. Da ist auf dem Eßtisch echt 'was übergeblieben."
>
> Vogler: „Wir ham im Vorjahr in der WMF AG einen Jahresüberschuß von 17 Millionen Mark erwirtschaftet."
>
> Redakteur: „Gewinne haben den Effekt, daß die Belegschaft nicht in die Pfanne gehauen wird. 1996 mußte die WMF schon genug auf Sparflamme kochen. Vier Monate lang mußte fast die gesamte Produktionsbelegschaft in Kurzarbeit gehen. Die Mitarbeiterzahl im gesamten Konzern ist um knapp 150 auf 4.200 zurückgegangen. In Geislingen arbeiten derzeit genau 3.034 WMFler. 200 weniger als noch vor einem Jahr. Dennoch hatte gerade die Kurzarbeit viele Jobs gerettet."
>
> Vogler: „Des is' so, daß wir das Mittel ‚Kurzarbeit' schon einsetzen, um eben einen gewissen Auftragsabschwung, der mal momentan vorhanden sein kann, saisonal bedingt ab.. auffangen und insofern konnten wir überhaupt 'nen großen Teil der Beschäftigung im Unternehmen sichern. Genau wie wir jetzt mit dem Betriebsrat eine Vereinbarung getroffen haben über eine Beschäftigungssicherung, die bis Mitte 1998 immerhin schon geht, so daß die Mitarbeiter im Unternehmen auch von der Seite her durchaus beruhigt sein können."
>
> Redakteur: „Jürgen Vogler mag auch für dieses Jahr Kurzarbeit nicht völlig ausschließen. Immerhin seien die Auftragsbücher aber derzeit voller als 1996. Das lasse auf ein deutliches Umsatzplus von rund drei Prozent hoffen. Und dafür wetzt die WMF ihre Edelstahlmesser. Mit fast 70 neuen Produkten für die Fachmesse ‚Ambiente' in Frankfurt will die WMF dem Inlandsmarkt deftig auftischen."
>
> Vogler: „Wachsen können 'S nur über Innovationen. Und da ist die WMF; Gott sei dank; in der Lage, überhaupt so viele Neuheiten dem Markt bieten zu können."

Redakteur: „Eine Botschaft, die auch dem geneigten Aktienfreund nicht Wurschd sein kann. Die WMF AG streicht auch in diesem Jahr eine stolze Dividende auf's Aktienbrot. Wohl um die zehn Mark, Wenn jetzt noch auf der ‚Ambiente' einige lukrative Verkäufe über den Tresen gehen würden, dann haben die WMF-Verantwortlichen nach Messeende am Mittwoch sogar noch entspanntere Gesichter."
(Radio 7 – Göppingen – Aktuell-Regional 14. Februar 1997, 18,19 Uhr)

Dieses Interview dient sowohl der Information wie der Unterhaltung. Der Interviewer gibt Daten vor sowie Anreize für den Interviewten, nicht nur wirtschaftlich interessierende Auskünfte zu geben, sondern auch Botschaften, die bei den Hörern ankommen sollen. Er verwendet vor allem eine Metaphorik, die mit den Produkten des Unternehmens in Verbindung stehen, um dessen Erfolgsbilanz es beim Interview geht. So wird aus dem Sprichwort ‚Aus dem Hut ziehen' die Wendung „aus dem Kochtopf ziehen" Es wird „deftig aufgetischt", Dinge werden „hochgekocht". Das Bestreben geht dahin, das vermeintlich trockene Thema für die Hörer attraktiver zu gestalten.

Im Fernsehen wird zusätzlich zu den Möglichkeiten des Hörfunks die Visualisierung eingesetzt, die Möglichkeit für den Zuschauer, die Interviewten an Mimik und Gestik auf ihre Glaubwürdigkeit zu überprüfen.

4.8. Kommentar

Den referierenden und interpretierenden publizistischen Textsorten stehen die kommentierenden gegenüber. Gemäß den Forderungen der Alliierten in der frühen Nachkriegszeit galt es, die Meinung klar von den Fakten, also den Berichten, Nachrichten etc. zu trennen. Meinung und Urteil wurden also ausgegliedert. Aufmacherberichten auf der Seite Eins der Zeitung wurde der Leitartikel gegenübergestellt, der das geschilderte Ereignis einzuordnen hatte in das zeitliche, politische, gesellschaftliche, weniger in das kulturelle Geschehen. Schreiben durfte den Leitartikel entweder der Chefredakteur oder ein herausragendes Mitglied der Redaktion. Es handelte sich also um ein Privileg, einordnen und urteilen zu dürfen. Daneben erschienen auch im Inneren des Blattes Kommentare, wenn es die Redaktion als notwendig erachtete, Stellung zu nehmen und damit ihrem Blatt auch Profil zu verleihen. Heute wird die Trennung nicht mehr so scharf vollzogen, enthalten Berichte durchaus auch Meinungsteile oder Wertungen. Damit hat der Kommentar viel von seiner Wirkung verloren, prägt nicht fast ausschließlich die Richtung einer Zeitung. Wichtig ist die Überzeugungskraft des Kommentators, sein Engagement oder Temperament, die Kraft seiner Argumente, sein geschliffener Stil.

Beispiel 25:

Anspruch und Wirklichkeit
von Bernhard Walker

    Glaubt man Wirtschaftsminister Rexrodt, dann ist die Trendwende am Arbeitsmarkt einfach ein Rückgang der gemeldeten Arbeitslosigkeit. Doch so erfreulich auch die Abnahme der allmonatlichen Horrorzahlen aus Nürnberg ist: Eine wirkliche Besserung ist dieser Rückgang nicht.
    Und nur diese verdiente das Prädikat „Trendwende". Daß Günter Rexroth die Skepsis des Wirtschaftsweisen Herbert Hax so rüde kritisiert, zeigt vielmehr, daß der FDP-Minister mitten im Wahlkampf steht: Er beschwört die Trendwende bei den Jobs, um den Genossen Trend zu wenden.
    Die Lage am Arbeitsmarkt bleibt schwierig. Für gut ausgebildete und qualifizierte Bürger ist es einfacher geworden, eine Stelle zu finden. In einzelnen Berufen gibt es schon wieder Arbeitskräftemangel: Eine Teil-Trendwende zugunsten der Starken gibt es also durchaus. Wer aber keine oder nur wenig Qualifizierungen hat, sucht weiter vergeblich einen Job.
    Kein Wunder also, daß schon heute jeder zweite Arbeitslose keine abgeschlossene Berufsausbildung hat. Einfache Arbeit ist auch deshalb verschwunden, weil die deutschen Unternehmen angesichts hoher Sozialabgaben und Arbeitskosten die Produktivität enorm erhöht haben.
    In diesem Austausch von Arbeit durch Maschinen wäre Deutschland vielleicht nicht Weltmeister geworden, wenn die Bundesregierung die Sozialabgaben gesenkt hätte.
(Südwestpresse 165, 21. Juli 1998)

Der Kommentar geht ein auf den Aufmacherbericht: „Wirtschaftsaufschwung/-Experten widersprechen Koalition" (Dachzeile). „Streit um Trendwende" (Titelzeile). „Chef der fünf Weisen pessimistisch – Waigel sieht Durchbruch" (Unterzeile). In ihm beurteilte der FDP-Wirtschaftsminister Rexroth die pessimistische Wirtschaftseinschätzung des Chefs der Fünf Wirtschaftsweisen, Professor Herbert Hax, als „völlig daneben". Rexroth geht für das Jahr 1998 von einer durchschnittlichen Arbeitslosenzahl von 4,3 Millionen aus und einem Rückgang binnen Jahresfrist „um mindestens 300 000" auf höchstens 4,2 Millionen Ende Dezember. Das sei eine Trendwende auf dem Arbeitsmarkt, den die Koalition geschaffen habe. Hax dagegen erkennt nur eine „konjunkturelle Erholungsphase, aber mehr auch nicht". Im Winter werde die Arbeitslosigkeit wieder steigen. Ihm schließt sich der Kommentator an, der die Kritik Rexroths als „rüde" bezeichnet. Im Wahlkampf beschwöre der Minister die Trendwende. Er kritisiert weiter die Bundesregierung, die die Sozialabgaben nicht gesenkt und damit den Austausch von Menschen durch Maschinen provoziert habe. Bitter ist sein Urteil, da darin Deutschland „Weltmeister" geworden sei.
    Regelmäßige Folgen von Kommentaren eines meist bekannten Redakteurs oder Gastpublizisten oder mehrerer Redaktionsmitglieder heißen Kolumnen.

Im Rundfunk und Fernsehen sind Kommentare als verlesene Meinungsbeiträge textuell identisch mit denen der Presse.

4.9. Kritik

Ist der Essay themenorientiert, so ist die Kritik, etwa in Form der Rezension gegenstandswertend. Gegenstand kann ein Medium sein, ein Buch, eine Schallplatte, ein Film oder eine Theateraufführung, eine Opern-, Musical-, Konzertdarbietung, ein Kabarett, ein Bunter Abend. Die Meßlatte für ein kritisches Urteil reicht von hoher Kunst bis zur Darbietung eines Kinderballetts oder der Mundarttheateraufführung eines Turnvereins. Dem Leser soll Information angeboten werden sowie Service, Erkenntnis und aus ihr folgende Handlungsanweisung, Geschmacksbildung und Schulung der eigenen Urteilsfähigkeiten.

Beispiel 26:

Digitales Dudeln
Warum die Drum-'n'-Bass-Platte von 4 Hero so schlecht ist
Drum 'n' Bass war die abenteuerlustigste Musik der mittleren neunziger Jahre. Eine Kunst, die schon im Namen klarmacht, daß es um die Reduktion aufs Wesentliche geht – um Trommeln und Baß eben, die das Kräftespiel der Klänge von den Melodieinstrumenten zu den Rhythmusgebern verschieben, von den hohen zu den tiefen Frequenzbereichen, von hymnischen Refrains zu abstrakten Klangfarbenspielen.

Die synthetischen Perkussionsfiguren, am Computer errechnet, verwirbeln den klar gegliederten Beat der Dancefloormusik, lösen simple Schlagzeugmuster in einem polyrhythmischen Karneval auf. Hartes, metallisches Klicken trifft auf fettes, selbstzufriedenes Wummern. Dauerschaltungen von Minimalmelodien erinnern an Videospiele, nervtötendes Zirpen und Schnarren an defekte Haushaltsgeräte.

Drum 'n' Bass ist eine Musik ohne Rhythmuszentrum: Off Beat – weg von den starken Taktteilen, so daß das Tanzbein den festen Tritt verliert und orientierungslos im Trommeldschungel steppt. Destabilisierung als unbewußter musikästhetischer Reflex auf gesamtgesellschaftliche Unübersichtlichkeit und allgemeinen Werterelativismus.

Sowenig diese Musik die gebieterische Rhythmusgeste pflegt, sowenig war sie bis vor kurzem an der Hervorbringung von Stars interessiert. Drum 'n' Bass gedieh am besten in flexiblen Netzwerken namenloser Produzenten, die ihre Identitäten hinter ständig wechselnden Pseudonymen verbargen. Eine Kunst, die entlang der Fluchtlinien von Deleuze/Guattari in unvermessenes Gelände huschte, ständig ihre Erscheinungsform änderte und durch ihre schiere Flüchtigkeit dem Schicksal entrann, zur Warenform zu degenerieren.

Diese Gegenwelt der „*ever changing sounds*" und der White Labels-Platten, die keinerlei Namens- und Informationsaufdrucke haben – verträgt sich schlecht mit den Interessen der darbenden Plattenindustrie, die auf stabile Künstleridentitäten und wiedererkennbare Klänge baut. So wurde vor zwei, drei Jahren die Drum-'n'-Bass-Deregulierung eingeleitet: Die großen Firmen fischten die vielversprechendsten Produzenten aus dem Pool, stellten stattliche Budgets zur Verfügung, inszenierten Werbekampagnen und hofften, daß aus den geballten Anstrengungen ein Michael Jackson erwüchse.

Im Sommer 1997 wurde Roni Size mit seinem Projekt Reprazent nach vorne geschoben, zu Beginn dieser Saison Goldie, der Chef des Metalheadz-Labels. Beide strebten ein Meisterwerk an – Size im Kielwasser von Miles Davis, Goldie mit großem Orchesterzauber gleich im Bayreuth-Stil – und beide scheiterten kläglich am Markt.

Jetzt ist das Duo 4 Hero unter der Supervision der Firma Talkin' Loud die letzte Trumpfkarte im Drum-'n'-Bass-Monopoly. Die afrofuturistische Superband, die begriffslose Fans und die Pop-Intelligenz versöhnen soll. Wenn man liest, was beispielsweise *Spex* über 4 Heros Platte „2 Pages" schreibt, glaubt man wirklich an den Durchbruch in eine neue Dimension: „Sie dringen in einen elektro-akustischen (Cyber-)Space vor, der gleichzeitig als Diskursmaschine für metaphysische Spekulationen und historische Konstruktion fungiert. Hängen an ihren Klängen wirklich kleine Peilsender, die mit den Außerirdischen Kontakt aufnehmen können?"

Dann legt man die CD ein: gekräuselte Cappuccino-Klänge, schwüle Saxophonweisen aus den siebziger Jahren, Digi-Dudel, Streicher-Schlieren aus der Konkursmasse von Henry Mancini, Räucherstäbchen-Lyrik von Schmetterlingsträumen und Bewußtseinsgärten. Jeder New-Age-Kongreß würde 4 Hero mit Freude zur Abschlußparty verpflichten. Aber von Drum 'n' Bass ist diese Musik so weit entfernt wie Rosamunde Pilcher von Thomas Pynchon.

Jean Paul Sartre hat einmal über Literatur geschrieben, man müßte hinter den bedruckten Seiten etwas Nichtexistierendes erraten können, etwas, das über der Existenz stünde. Die „2 Pages", die 4 Hero vollgeschmiert haben, versprechen kein Jenseits. Sie sind das plane Abbild der Existenz. Und ewig grüßt die Plastik-Palme.
Thomas Miessgang
(DIE ZEIT 34, 13. August 1998)

Die Besprechung der Schallplatte *2 Pages* des Duos *4 Hero* ist eingebettet in viel Information über die Musikszene, über die allgemeine wie die besondere des „Drum 'n' Bass", mit nur dem Kenner bekannten oder interessierenden Einzelheiten. Sie führt dann zu einem sehr kritischen Urteil, dem Kitsch-Vorwurf. Die Schreibe ist flott, bildhaft, damit auch unterhaltend. Fachbegriffe und Anglizismen erschweren dem Normalleser die Lektüre.

Im Hörfunk ist die gängige Kritik verlesene Pressekritik. Häufig werden Sendebeiträge auch in Zeitungen oder Zeitschriften veröffentlicht. Das Fernsehen kann zusätzlich bebildern, d. h. visuell anschaulich machen.
Zur Kritik vgl. auch Beispiel 16.

4.10. Meldung – Nachricht

Im Beispiel 2 wurde bereits gezeigt, wie der Vorspann in einem Satz das Fazit des folgenden Berichtes zieht, und wie es damit gelingt, dem Lead Meldungscharakter zu geben. Es ist also immer möglich, einen Bericht so zu komprimieren, daß nur die zentralen Informationseinheiten übrig bleiben. Im allgemeinen sind das die Antworten auf die W-Fragen: Wer hat wann und wo was getan, evtl. wem angetan, weshalb und was folgt daraus? Meist wird die Meldung gleichgesetzt mit der Nachricht. Manche Theoretiker machen die Nachricht aber auch zu einer etwas ausführlicheren Meldung, indem sie meinen, diese enthalte ein Mehr an Vorgeschichte, Folgerung oder an Einzelheiten.

Beispiel 27:

Leistungsmißbrauch bestraft
Nach Angaben der Bundesregierung wurden voriges Jahr 308 474 Bußgeldverfahren wegen Mißbrauchs sozialer Leistungen und Hilfen nach dem Asylbewerberleistungsgesetz registriert.
(Südwestpresse 193/22. August 1998)

Um die Information in einem Satz unterzubringen, arbeitet der Texter mit Präpositions- und Genitivkonstruktionen: „Nach Angaben der Bundesregierung ... wegen Mißbrauchs sozialer Leistungen ... nach dem Asylbewerberleistungsgesetz ..." Die Botschaft wird wegen der im Alltag ungebräuchlichen Syntax schwer verständlich.

Daß es auch einfacher geht, zeigt

Beispiel 28:

Fester Wohnsitz Balearen
Die Zahl der auf den Balearen-Inseln offiziell gemeldeten Deutschen ist bis August dieses Jahres im Vergleich zu Ende 1997 um 17,4 Prozent gestiegen. Derzeit sind 7953 deutsche Staatsbürger mit festem Wohnsitz bei den Meldebehörden registriert. Die tatsächliche Zahl ist allerdings höher. Allein auf Mallorca leben schätzungsweise 35 000 Deutsche, 50 000 Bundesbürger besitzen dort Immobilien.
(Südwestpresse 193/22. August 1998)

Hier wird die Mitteilung in einfachen Sätzen und normaler Syntax angeboten. Allerdings braucht dieser Text etwas mehr Raum, kommt aber dem Leser entgegen.

Und sogar Zitate lassen sich in einfachen Nachrichten unterbringen:

Beispiel 29:

ENTSCHÄDIGUNG
Bundeskasse bleibt zu
BONN. Bundeskanzler Helmut Kohl hat die Einrichtung eines gemeinsamen Fonds mit deutschen Industrieunternehmen zur Entschädigung von ehemaligen Zwangsarbeitern entschieden abgelehnt. „Ich bin nicht bereit neu nachzudenken, was die Bundeskasse

betrifft", sagte Kohl gestern in Bonn. Die Wiedergutmachungskasse werde nicht wieder geöffnet. dpa
(Südwestpresse 193/22. August 1998)

Bei der Bild-Zeitung wird eher auf den Unterhaltungswert gesetzt:

Beispiel 30:

„Bulle" fiel auf Ingrid Steeger
Wehe, wenn der Tölzer Bulle kippt! Bei Dreharbeiten zum Film „Die blaue Kanone" stürzte Schwergewicht Ottfried Fischer (44, 174 kg) während einer Ohnmachtsszene auf Ingrid Steeger (50). Sie schlug mit dem Hinterkopf auf – Schleudertrauma, Halskrause, zwei Tage Drehverbot.
(Bild am Sonntag 29/19. Juli 1998)

Und selbst eine Berichtigung wird hier zur Nachricht.

Beispiel 31:

Claudia Schiffer: „Ich habe keinen Hammerzeh"
Claudia Schiffer (27) – eine Schönheit von Kopf bis Fuß. BamS hatte britische Zeitungsberichte aufgegriffen, nach denen das Düsseldorfer Top-Model wegen eines Hammerzehs für einen Citroën-Werbespot gedoubelt werden mußte. Tatsächlich aber hat Claudia Schiffer weder einen Hammerzeh, noch mußte sie sich doubeln lassen. Die Blondine ließ sich von einem Orthopäden schriftlich attestieren: kein Hammerzeh – alles okay.
(Bild am Sonntag 29/19. Juli 1998)

Abweichungen von der Standard-Nachricht kommen vor allem in Alternativzeitungen vor.

Beispiel 32:

Leitungswasserkrisen
Berlin/München (taz/dpa) – Erwachsene haben häufig das Gefühl für Durst verlernt. Die Folgen können Verstopfung und Kreislaufkrisen sein, warnt die Betriebskrankenkasse des Landes Berlin (BKK) und rät zu einer täglichen Menge von zwei Litern Leitungswasser.
Achtung: Diese Meldung gilt z. Zt. nicht für BürgerInnen von Ober- und Unterschleißheim. Nach einer Störung im Wasserwerk ist dort vom Leitungswassertrinken abzuraten.
(taz, Nr. 5666, 43. Woche, 20. Jg. v. 22. Oktober 1998, S. 24)

Bei Hörfunknachrichten gilt es, die einzelnen Meldungen hörgerecht, d. h. für Zuhörer, die leicht ablenkbar sind, so zu gestalten, daß sie diese in ihrem

Meldung – Nachricht 77

Sinngehalt aufnehmen und möglichst lange behalten können. Sie müssen also textuell einfach strukturiert und beim raschen Hören verständlich sein, möglichst ohne Fremd- und Fachwörter.

Beispiel 33:

> Zagreb. Der kroatische Präsident Tudjman hat ein von den Krajina-Serben angebotenes militärisches Stillhalteabkommen abgelehnt. In einem Brief an den UNO-Beauftragten Akashi erklärte Tudjman, er sei nicht bereit, mit dem Führer der Krajina-Serben Mladic oder anderen Kriegsverbrechern zu verhandeln.
> (Südwestfunk Baden-Baden 31. Juli 1995, 8 Uhr)

Die Meldung ist knapp gehalten. Im Lead-Satz wird die zentrale Tatsache, die Ablehnung des Stillhalte-Abkommens, mitgeteilt. Dann folgt die Angabe der Quelle für die mitgeteilte Information.

Beispiel 34:

> Zagreb. Der kroatische Präsident Franjo Tudjman hat den jüngsten Friedensplan der Krajina-Serben abgelehnt. Tudjman will nicht mit Serbenführer Milan Mladic verhandeln, der auf der UNO-Liste der Kriegsverbrecher steht. Außerdem besteht der kroatische Präsident darauf, daß die UNO-Truppen an der Grenze zu Restjugoslawien stationiert werden und die Adria-Pipeline sofort geöffnet wird.
> (Privatsender RT4, Reutlingen, 31. Juli 1995, 8 Uhr)

Der Lead-Satz ist noch etwas knapper, enthält aber die gleiche Information. Eine Quelle wird nicht angegeben. Satz 3 gibt zusätzlichen Inhalt, der zum Verständnis der Ablehnung beiträgt.

Im Hörfunk werden Meldungen gerne mit O-Tönen angereichert, um Authentizität nachzuweisen.

Beispiel 35:

> Göppingen. Der neue Oberbürgermeister Reinhard Frank hat heute offiziell sein Amt angetreten. Gestern wurde Frank in einem Festakt vor 600 geladenen Gästen in der Stadthalle vereidigt. Reinhard Frank zu seinen ersten Aufgaben als OB:
> Ich hab' vor, dann die nächsten Tage die Verwaltung intensiv kennenzulernen, und ich werde auch in alle Ämter, in alle Dienststellen und in alle Organisationseinheiten der Stadtverwaltung gehen, um die Göppinger Verwaltung in kurzer Zeit in- und auswendig kennenzulernen.
> (Radio 7 Göppingen, Nachrichten 15. Januar 1997, 12.30 Uhr)

Die Anreicherung der Meldung durch den O-Ton ist zwar trivial. Sie kann den Hörern aber einen ersten Höreindruck vom neuen Stadtoberhaupt geben und ihnen die Kontaktaufnahme suggerieren.

Das Angebot, das die Deutsche Presse Agentur (dpa) den Nachrichtenredaktionen, vor allem den personell meist unterbesetzten privater Sender macht, mißlingt überwiegend, weil die dpa-Meldungen nicht hörergerecht gestaltet werden.

Beispiel 36:

> Bundestag debattiert über Sozialhilfe und Dasa
> Bonn. Die geplante Sozialhilfereform wird heute *vom* Bundestag *in* erster Lesung beraten. Gesundheitsminister Seehofer legt den Schwerpunkt *der* Reform *auf* die berufliche Wiedereingliederung arbeitsfähiger Hilfempfänger *durch* die Kommunen. *Bei* Verweigerung zumutbarer Arbeit soll die Sozialhilfe *um* 25 Prozent gekürzt werden. Außerdem debattierte das Parlament *über* die Krise *beim* Luft- und Raumfahrtkonzern Dasa und den dort drohenden Abbau *von* rund 15 000 Arbeitsplätzen. Gestern abend hatten im niedersächsischen Nordenham rund 5000 Personen gegen das Dasa-Sparkonzept protestiert.
> (dpa-Hörfunk 28. September 1995, 7 Uhr)

Die Meldung weist einen extrem Nominalstil auf, strotzt von Präpositional- und Genitivkonstruktionen. Inversion im Leadsatz, die das Passiv verursacht, wie die semantische Ersetzung von Bundestag durch Parlament erweisen den Text als schwer verständlich schon beim Lesen sowie als völlig ungenügend für die sprecherische Umsetzung im Hörfunk.

4.11. Moderation

Die besondere Situation des Hörfunks wie des Fernsehens macht es notwendig, den Hörer oder Zuschauer so anzusprechen, als gäbe es einen echten Dialog mit ihm. Die Vorstellung vom anderen, dem unbekannten und unsichtbaren Dialogpartner, steuert das Verhalten der Sprecher. Sich in diese Situation gut einfühlen zu können, macht deren Qualität aus. Sie müssen in dem gedachten Dialog die vermeintliche Reaktion der Hörer oder Seh-Hörer miterahnen, müssen deren Wissen oder Interesse vorauskalkulieren. Da der Adressat eines Sendebeitrags keine Möglichkeit hat zu intervenieren, wenn er etwas nicht versteht, wenn ihm etwas unklar ist, muß dieser informativ, relevant, wahrhaftig und verständlich gestaltet sein.

Eine ganz wichtige Rolle kommt beim Hörfunk wie beim Fernsehen dem Moderator zu. Er führt durch das Programm, nimmt Kontakt auf zum Adressaten, führt ein in Sachverhalte und stellt Zusammenhänge her. Er spricht mit dem Hörer, schenkt ihm Aufmerksamkeit, dient als sein Anwalt gegenüber der Redaktion und deren Beiträgen. Er prägt und festigt die Programmidentität. Eine ansprechend gestaltete Moderation hilft dem Programm, die Konsumenten an sich zu binden, was bei der Konkurrenzsituation auf dem Hörfunk- wie Fernsehsektor besonders wichtig ist.

Moderation 79

Beispiel 37:

S2-aktuell. Am Mikrofon Karl Georg Gruber mit diesen Themen bis 12 Uhr 30:
- Clinton wirbt um Verständnis für seine Bosnienpolitik
- NATO will russische Kontingente für Bosnien einbinden
- Bundeskabinett berät Bosnieneinsatz
- Mittelmeerkonferenz der europäischen Union
- Ozon-Konferenz der Vereinten Nationen und
- Generalstreik in Frankreich.
Danach ab 12 Uhr 30 Themen der Wirtschaft und ab 12 Uhr 45 der Schwerpunkt, heute das Thema: Die sieben mageren Jahre in Armenien.

1. Thema: Rede Clintons zur Bosnien-Politik
- Anmoderation:
Der amerikanische Präsident legt sich zur Zeit mächtig ins Zeug, wenn es um das Abkommen von Dayton/Ohio geht, in dem sich die in Bosnien kriegführenden Parteien verpflichtet haben, bis zu einem Friedensschluß die Waffen schweigen zu lassen. Diesen Frieden, der laut Plan Mitte Dezember in Paris unterzeichnet werden soll, müssen Truppen der Vereinten Nationen zu garantieren suchen, und hier liegt für den amerikanischen Präsidenten Bill Clinton eine Schwierigkeit. In seinem Land herrscht, um es vorsichtig zu sagen, keine übertriebene Begeisterung, ein größeres Kontingent ins Krisengebiet zu schicken. Außerdem bremst im Augenblick noch die republikanische Mehrheit im Kongress, die notwendigen Geldmittel freizugeben. Grund genug für den Präsidenten, der von der Richtigkeit seines außenpolitischen Handelns überzeugt ist, für die Entsendung von US-Soldaten zu werben. Insgesamt 20 000 Mann stark soll das amerikanische Kontingent sein. Eine feierliche und eindringliche Rede, wie unser Korrespondent Hans Jürgen schildert, soll dabei gute Dienste leisten.
- Beitrag
- Moderation:
„Amerika muß Europa helfen, den schlimmsten Alptraum seit dem zweiten Weltkrieg zu überwinden", sagte Clinton in dieser seiner Fernsehansprache, die Hans Tschech jetzt kommentiert.
- Kommentar

2. Thema: Sitzung der NATO-Verteidigungsminister
- Anmoderation:
Der amerikanische Präsident erwartet im übrigen von der nordatlantischen Verteidigungsgemeinschaft, der NATO, einen endgültigen Plan zur Entsendung der vorgesehenen insgesamt 60 000 Soldaten nach Bosnien bis zum Ende der Woche. Dies könnte bereits heute geschehen, wenn die NATO-Verteidigungsminister in Brüssel letzte Einzelheiten, wie es heißt, erörtern, um die vorgesehene internationale Friedenstruppe nach Bosnien schicken zu können. Aber da sind ja noch die Russen, die an der Bosnien-Operation beteiligt werden sollen und auch wollen, oder auch nicht. Hintergrund dieses Problems ist, daß die NATO mit einem Mandat der Vereinten Nationen, des Sicherheitsrates, die Bosnien-Operation führen soll. Russland aber lehnt es ab, seine vorgesehenen Soldaten dem Oberkommando der NATO zu unterstellen. Nach der bisherigen Planung soll der NATO-Oberbefehlshaber George Olen auch die russischen Einheiten befehligen, aber nicht in seiner Eigenschaft als NATO-Befehlshaber, sondern

in seiner Funktion als amerikanischer General. So streng sind die diplomatischen Bräuche. Zur Sitzung der NATO-Verteidigungsminister Anmerkungen von Hans Linketscher.
– Bericht.

3. Thema: Beratungen im Bundeskabinett über Bosnieneinsatz
– Anmoderation:
Von den 60 000 Soldaten, welche im Auftrag der Vereinten Nationen den angestrebten Frieden in Bosnien-Herzegowina überwachen sollen, werden, wenn der Deutsche Bundestag seine Zustimmung erteilt, rund 5000 Bundeswehrsoldaten sein. Bereits Ende der kommenden Woche soll ein Voraustrupp vor Ort eintreffen, um die Ankunft des deutschen Kontingentes vorzubereiten, das, so ist die Planung, zu Beginn des neuen Jahres oder Ende Dezember verlegt werden soll. Vorgesehen sind Pioniere, Transportsoldaten und Gebirgsjäger. Heute hat zunächst das Bundeskabinett seine Zustimmung erteilt. Rudolf Geisel mit Einzelheiten.
– Bericht (usw.).
(S2-aktuell, 28. November 1995, 12.05–13.00 Uhr)

Wichtig ist, daß der Moderator sich bei den Hörern vorstellt, sie in ihm meist einen alten Bekannten erkennen, dessen Stimme vertraut klingt und dessen Sichtweisen man kennt. Dann folgt eine Serviceleistung: Alle kommenden Themen werden genannt, damit der Hörer sich auf sie einstellen kann bzw. entscheidet, ob sie ihn interessieren.

Die Anmoderationstexte erweisen sich als vorbereitete Schreibtischtexte. Sie sind sprachlich hochkomplex. Die Sätze zeigen Überlänge. Hinzu kommt ein sehr hohes Sprechtempo sowie eine sehr hohe Informationsdichte. Der Moderator versorgt sein Publikum zwar recht ausführlich mit Informationen, verlangt von diesem aber ein Höchstmaß an Konzentration.

Im Gegensatz dazu ist die Anmoderation durch Wolf von Lojewski in der ZDF-Sendung ‚heute journal' geradezu einfach und gut verständlich.

Beispiel 38:

Tagelang haben sie um einen Kompromiß gerungen. Heute gaben sie erst einmal auf. In Stuttgart wurden die Tarifverhandlungen im öffentlichen Dienst für gescheitert erklärt. Jetzt schaut alles auf die Schlichter, auf den ehemaligen rheinland-pfälzischen Ministerpräsidenten Karl Ludwig Wagner. Der CDU-Politiker wurde von den Arbeitgebern benannt. Sie stellen in dieser Runde den Vermittler Nummer eins. Und die Gewerkschaften haben den Sozialdemokraten und früheren Bremer Bürgermeister Hans Koschnick als Schlichter ihres Vertrauens benannt.
Guten Abend, liebe Zuschauer.
Die Prozentzahlen klangen nun einmal nicht verlockend, die die Arbeitgeber den drei Komma zwei Millionen Beschäftigten im öffentlichen Dienst in Aussicht stellten. Null Komma fünf Prozent mehr an Lohn und Gehalt im ersten Jahr, dann ein Prozent in den folgenden acht Monaten. Aber es ging ja nicht nur um mehr Geld. Mindestens zehn Forderungen und Komplexe wurden auf dem Verhandlungstisch hin und her geschoben.

Deutschland ist mitten im schmerzhaften Sparen und auf der Suche nach neuen Wegen und Rezepten. Und ausgerechnet im öffentlichen Dienst wird eine der ersten großen Schlachten ausgetragen.
Heute nachmittag, kurz vor halb fünf, kamen die Verhandlungsführer beider Seiten gemeinsam aus dem Verhandlungsraum, um der Öffentlichkeit zu erklären, daß die Gegensätze zur Zeit scheinbar unüberbrückbar seien. Für die Gewerkschaften der Bundesvorsitzende der ÖTV Herbert Mai, für die Arbeitgeberseite Bund, Länder und Komunen Innenminister Manfred Kanther. Noch in Stuttgart, am Orte ihres Scheiterns stellten sie sich zusammen vor die Kamera des heute journals.
(ZDF heute journal vom 23. Mai 1996)

Hier wird in einem unkomplizierten Text hingeführt zur Thematik ‚ÖTV-Tarifverhandlungen gescheitert'. Der Stil des bekannten Moderators ist locker und bildhaft, und gerade dadurch werden die Präsentation der Sendung, die weiteren Texte und die Einordnung des Berichteten geprägt. Der Hörer/Seher wird nicht abgeschreckt und abgelenkt, sondern kann sich auf das Vermittelte konzentrieren.

4.12. Porträt

Geht es bei anderen publizistischen Textsorten um mehrere, zahlreiche oder viele Menschen, um ihr Tun und Denken, so konzentriert sich das Porträt auf eine Person oder Persönlichkeit. Der Leser soll eine Begegnung mit einem beispielhaften Leben erfahren. Gesteuert von den Fragen des Autors, soll der Porträtierte seine Einstellung zu anderen Menschen, zur Umwelt, zur Gesellschaft, zur Kultur etc. schwerpunkthaft herausstellen. Beim Nachruf, einer Spezialform des Porträts, geht es darum, ein ausgeglichenes, ein gerechtes Urteil über den Gestorbenen zu fällen.

Beispiel 39:

Ein Leben lang nur Heimspiele
von Hermann Beckfeld
Kriegsjahre. Schreckensjahre. Bombenangriffe auf das Revier. Familie Breitbach flüchtet, will bei Verwandten in Hamm Unterschlupf finden. Doch in Recklinghausen kehrt Mutter Maria um. „Ich muß zurück nach Essen, unser Stadion verteidigen".
Wie die Mutter, so der Sohn: Josef Breitbach, für die Rot-Weißen nur „unser Jupp". 59 Jahre hat er im Georg-Melches-Stadion gewohnt, 1960 trat er das Erbe seines Vaters Heinrich an: erst Platzwart von Rot-Weiß Essen (RWE), dann städtischer Stadionverwalter.
Ein Leben lang nur Heimspiele. Mit Auf- und Abstiegen, Triumphen und Tragödien, Sensationen und Skandalen. Fußball-Alltag von 8 bis 22 Uhr, besonders samstags und sonntags. Und nun nimmt er Abschied. Aus. Abpfiff. Jupp geht in den Ruhestand,

räumt seine 60 Quadratmeter-Wohnung unter dem Tribünendach und zieht fort. Aber sein Herz schlägt weiter an der Hafenstraße, auch wenn er es nicht zugibt.

Aber wo soll einer anfangen zu erzählen, der 800 Seiten Memoiren geschrieben hat, die er nicht veröffentlichen will? Der 56 Trainer kommen und gehen sah. Der Pele, Facchetti, Rahn und Beckenbauer die Kabinentür aufschloß. Der 35 Jahre lang die Karre mit Kalk um den Platz geschoben hat. Der jede Sitzschale auf den Rängen und jeden Haken im Umkleideraum kennt. Dessen Mutter, als Vater Heinrich schwer erkrankte, jede Woche vier Tonnen Koks stocherte, damit die Jungs duschen konnten. Die jede Woche die Trikots von 18 Mannschaften waschen mußte. Mit den Händen im Zuber, Waschmaschinen gab es noch nicht. Die mit ihrer Schwiegertochter Sonja die schweren Feuerwehrschläuche ausrollte, um den Platz zu wässern. Die Nobby Fürhoff zum Friseur vor einem Spiel schickte. „Asbach, so läufst du mir nicht auf." Und die nie ein Spiel ihrer Rot-Weißen gesehen hat. Schiedsrichter betreuen, Pausentee kochen, Essen machen, putzen – da blieb keine Zeit für ein Fußballspiel.

Maria, verheiratet mit dem Hausmeister Heinrich Breitbach, bringt Josef in der Dienstwohnung der Stadthafengrundschule zur Welt. Kurz darauf wird die Schule abgerissen, muß dem Ausbau des Georg-Melches-Stadion weichen. Die Breitbachs ziehen unter das neue Tribünendach, und der Junge lernt schwimmen, wo in 60 Jahren so mancher Gegner unterging, weil Penny Islacker, August Gottschalk und Boß Rahn, „Ente" Lippens, Helmut Littek und Frankie Mill die Abwehr schwindelig spielten. „Wenn die Berne über die Ufer trat und den Platz überflutete, durften wir Blagen planschen."

Schon als Kind ist er für die Rot-Weißen unterwegs, fährt mit dem Rad nach Oberhausen, Bottrop und Mülheim, um Spielplakate aufzuhängen. Natürlich rennt auch Josef hinter der Lederkugel her und dribbelt sich in den Kader der A-Jugend-Nationalmannschaft. Zehn Spiele, und darauf ist Jupp stolz, darf er mit Rahn und Herkenrath machen, doch gegen Nationalspieler Heinz Wewers hat der gelernte Mittelläufer keine Chance und wechselt zum FC Mönchengladbach, später zu Borussia Mönchengladbach, ehe bei Karnap 07 eine Verletzung viel zu früh seine aktive Laufbahn beendet.

Heute kommt keiner mehr an ihm vorbei. Da sitzt er an seinem Schreibtisch im Büro, kann, wenn er sich umdreht, auf den Rasen schauen, hat aber meistens die offene Tür im Auge. Und hier müssen und mußten sie vorbei – auf dem Weg zur Kabine. 35 Jahre lang. Der „Schwatte" Koslowski vom Rivalen Schalke, der auf seine alten Tage noch zu den Rot-Weißen wechselte; Weltmeister Rahn, den sie so häufig Minuten vor dem Anpfiff aus der Kneipe „Teil" in Altenessen ziehen mußten; Schlitzohr Lippens, den Trainer Pliska, der „Eiserne Fritz", zur Strafe im Entengang um den Platz watscheln ließ; Torhüter Fredy Bockholt, der „sich erst schmiß, wenn der Ball schon an der Mittellinie war".

Hier haben sie gesessen, die erfolgreichen und erfolglosen Trainer, haben bei Jupp am Montagmorgen den Sportteil studiert, sich über Schlagzeilen gefreut und geärgert und mit einer Tasse Kaffee den Kater vertrieben. Otto Rehhagel, der mindestens einmal in der Woche anrief und sich nach seinen Rot-Weißen erkundigte; Jürgen Röber, der aus Aberglauben vor jedem Spiel sieben Stadionrunden lief – und Jupps Schäferhund Asco lief immer drei Runden mit, ehe er schlapp machte; Erich Ribbeck, dessen Bett unter dem Tribünendach stand; Ivica Horvat, dem sie die Bälle klauten, die er dann aus eigener Tasche bezahlen mußte; Rolf Schafstall, der Zocker, der gern im Hinterzimmer pokerte und um Rat suchte, als er ihn brauchte.

Jupp, der verschwiegene Seelentröster und gefürchtete Sprücheklopfer, der alles wußte – und meistens besser. Der sich mit Vorstand, Trainern, Schiedsrichtern und

Spielern anlegte – bis zur Haßliebe für einen Club, der sein Leben bestimmte. 20 Jahre lang betreute er die Mannschaft, war bei jedem Spiel dabei, das berühmte „Mädchen für alles". Heute, so sagt er, habe er sich vom Verein abgenabelt. Beim Finale um den DFB-Pokal 1994 in Berlin, neben dem Pokalkrimi gegen Leverkusen der vorläufig letzte große Auftritt von Rot-Weiß, machte er Urlaub auf Gran Canaria. „Der Hotelier hat mir aber jede Menge Faxe mit den Zwischenergebnissen unter die Tür geschoben."

Jupp Breitbach wird einen Koffer voller Erinnerungen mitnehmen, wenn er Ende Januar die Stadionschlüssel abgibt. An das Länderspiel gegen Zypern mit 55000 Zuschauern, die sich bis an die Torpfosten drängten. „Die zwölf Tore habe ich nur auf den Bildern gesehen, die die Fotografen per Fernschreiber in die Redaktionen geschickt haben."

An die schwarzen Stunden: Abstiege, Bundesliga-Skandal, Vereinsschulden, DFB-Urteil. An RWE-Vater Georg Melches, „den Alten", der neuen Spielern in seiner Villa erst mal zeigen ließ, wie man mit Messer und Gabel aß. „Schorsch Melches war der Boß an der Hafenstraße. Ein Mann mit rauher Schale, sein weiches Herz zeigte er nur selten."

Unvergessen die vielen Intertoto-Spiele überall in Europa, die Amerika-Reise mit RWE. „Da wollte ein italienischer Club zuerst gegen uns nicht spielen, weil wir abgestiegen waren. Und dann haben wir sie 6:1 vom Platz gefegt."

Erinnerungen an die Macken der Spieler. An Penny Islacker, Held des Endspiels 1955, der Nachwuchsspieler aus der Kabine warf und vor jedem Spiel den schwärzesten Kaffee haben wollte; an Wolfgang Rausch, der vor dem Anstoß zwei Scheiben Schwarzbrot essen mußte; an Gerd Wieczorkowski, den Einkauf von der Reeperbahn, der seine nächtlichen Alleingänge mehr brauchte als das Dribbling auf dem Feld.

Erinnerungen an große Namen. Fußball-Größen, na klar, aber auch Romy Schneider fieberte auf der Tribüne mit dem Revierclub, die Kabarettisten des FC Schmiere kickten vor ihrem Auftritt im Stadion, Karel Gott und Gerd Wendland traten auf dem Rasen auf. Ja, und natürlich Peggy March, die ihr „Oh Adiole" anstimmte, und die Westkurve, die es nicht mehr gibt, sang tausendfach mit: Oh RWE ...

Und die Fans sangen „Willi, du darfst nicht gehen", wenn „Ente" Lippens Kaiser Franz, Berti Vogts und Eisenfuß Schulz austanzte; jubelten „Ungeheuer" Hrubesch und „Rotbäckchen" Hohnhausen zu, die die Bayern im Alleingang besiegten; und ärgerten sich über den Rowdy, der ein Messer auf Sepp Maier warf. Bis vor vier Wochen bewahrte Jupp das Messer in seiner Schublade auf. Dann haben sie es ihm gestohlen.

Die Fans draußen bekamen nicht mit, daß die Frankfurter sich vor dem Spiel mit Kaffee und Kuchen stärkten, die Bayern hinter verschlossenen Türen Leckerbissen von Käfer aufbauten. Otto Rehhagel sich mit Jupp in die gute Stube, das Wohnzimmer der Breitbachs, zurückzog, um bei einem Stück Schwarzwälder Kirschtorte über alte Zeiten zu plaudern – während draußen die Journalisten auf Interviews warteten.

Schlußpfiff. Ein letztes Mal wird er seine Wohnung verlassen, durch den schmalen Gang gehen, der an der RWE-Geschäftsstelle vorbeiführt. Mit einem „Tschüß Pumuckl" wird er sich von der rothaarigen Sekretärin verabschieden und seinem Nachfolger Willi Maler, der seit vier Jahren an seiner Seite arbeitet, die Schlüssel in die Hand drücken.

Abends schon wird er an die Hafenstraße zurückkehren. Nein, nicht um irgendein Training oder Spiel zu beobachten. Er wird Asco, den zwölfjährigen Stadionhund, füttern, der es hier besser hat als in der neuen Wohnung in Essen-Schönebeck. Dort ist für ihn kein Platz – und für Rot-Weiß auch nicht, wie Jupp immer wieder sagt.

Aber so recht glaubt ihm das keiner.
(Ruhr Nachrichten Dortmund, 298, 21. Dezember 1995, zitiert nach Theodor Wolff-Preis, Die Beiträge der Preisträger aus dem Ausschreibungsjahr 1995, Bonn 1996, 93–96)

In dem preisgekrönten Porträt eines Fußball-Platzwartes aus dem Ruhrpott wird nicht nur dessen Persönlichkeit plastisch. In seiner Lebensbilanz spiegeln sich auch die Menschen, mit denen er täglich umging bzw. die als Sternschnuppen seinen Lebensweg kreuzten. In den Detailschilderungen werden auch die sozialen Eigenarten des Reviers erkennbar. Obwohl es leicht möglich wäre, in ein echtes oder falsches Pathos zu gelangen, vermeidet unser Autor dieses geschickt. Er setzt dagegen auf einen warmherzigen Ton, mit dem er die journalistische Distanz zum Porträtierten überwindet.

4.13. Reportage

Die Reportage gründet genuin auf der Augenzeugenschaft. Formuliert wird aus dem Augenblick des Erlebens des Reporters, der eine bestimmte Perspektive einnimmt und authentische Information an den Leser, Hörer oder Zuschauer aus erster Hand weitergibt. Der Leser erlebt dann gleichsam das Geschehen in unmittelbarer zeitlicher und räumlicher Nähe mit. Genaue Ortsangaben, Detailbeobachtungen, Stimmungs- und Emotionskundgaben, konkrete Anschaulichkeit wie auf sprachlicher Ebene das aktualisierende Präsens oder Temporaldeiktika und Adverbien bestimmen die Geschehensübermittlung. Die Ereignisse ergeben sich aus bestimmten Situationen, können aber auch selbst geschaffen worden sein. (Haller ²1990; Müller 1989)

Beispiel 40:

Alfreds Welt
von Andreas Wenderoth
„Die Zeit heilt alle Wunden – aber was, wenn die Zeit selbst die Krankheit ist?"
Peter Handke
Um vier Uhr früh, wenn die Straße noch schläft, steht er auf, weil die Schlaftabletten nicht mehr wirken. Im trüben Schein der Küchenlampe schmiert sich Alfred eine Scheibe von dem billigen Kaisers-Brot, das bei ihm immer genau neun Tage reicht, packt Tomate drauf und ein bißchen Zwiebelpulver. Dann schält er noch schnell die Kartoffeln fürs Mittagessen, um gegen 8.30 Uhr fertig zu sein für einen jener langen Tage am Fenster.

Seit 15 Jahren, seit Alfred Frührentner ist, schaut er aus dem kleinen Fenster Parterre auf seine Straße. Falckensteinstraße – das sind zwei Kilometer in Kreuzberg von der Oberbaumbrücke bis zum Görlitzer Park. Jede Menge Kneipen, zwei Tabakläden, eine Spielothek, ein Bestattungsinstitut, der Ramschladen vom Araber, ein Puff und viele arbeitslose junge Türken, die mit tiefergelegten 3er BMWs durch die Straße heizen. Es gibt Drogen, soviel man will, und Pitbulls mehr als man möchte. Und die Gangs. Manchmal fallen Schüsse. Es gibt Löcher in Autos, wenn sie Spaß machen, und Löcher in Menschen, wenn es ernst wird.

Auf Alfreds Unterarm kämpft ein Ritter mit einem Schwert gegen einen Drachen. Der Drache ist immer jemand anders, aber wenn Alfred am Fenster steht und ein wenig Ordnung in diese ungeordnete Welt bringt, ist zumindest die Sache mit dem Ritter geklärt. Niemand kann so zuhören wie er, niemand sonst hat hier die Zeit dazu. Wenn jemand ohne Führerschein fährt, Probleme mit der Sozialhilfe, dem Mann oder der Geliebten hat. Alfred weiß immer Bescheid. Im Umkreis von mindestens vier Blocks weiß er alles über jeden. Sie nennen ihn den „Bürgermeister".

Seit ihn seine Frau vor acht Jahren verlassen hat, schaut er bis zu zehn Stunden täglich aus dem Fenster, das irgendwann einmal einen schmucken weißen Rahmen hatte. „Hier ist mein Platz." Von hier aus kann er, während er seine zwei Packungen *Golden American* raucht, den Gang und die Gebärden der Menschen studieren, ihre Geschichten sammeln, und wenn ihm danach ist, und ihm ist oft danach, das eine oder andere Detail hinzufügen. Er kann verbreiten, daß die Wohnung vom Martin aus dem fünften Stock stinkt, obwohl er nie oben war. Und wo anders, wenn nicht von hier, kann er sich so wunderbar ärgern. Zum Beispiel über die „dummen Säue", die immer rückwärts einparken. Er muß ja schließlich die Abgase einatmen.

Ein bißchen bedrohlich wirkt er, wie er da so auf der Fensterbank lehnt. Seitdem er 50 Kilo abgenommen hat, wiegt er nur noch 200 Pfund. Alfred ist 61, hat weiße strähnige Haare und trägt einen grauen Trainingsanzug, am rechten Handgelenk ein dickes Goldarmband mit seinem Namen, eine breite Goldkette mit einem Goldherzchen und eine goldene Uhr, die aussieht wie eine Rolex. Neben sich hat er einen gelben Eimer gestellt, der mit Wasser, Essig und Reinigungsmittel gefüllt ist. Da spuckt er immer rein. Sein Arzt sagt, er soll's nicht schlucken, wegen der Bronchien.

Alfreds Herz ist zu groß und seine Gallensteine nicht klein genug. Seine Hüfte ist steif, beide Beine sind offen, die Halsschlagader fast zu. Die Jungs vom Fernsehtechniker, Parterre rechts, bringen ihm oft was aus der Apotheke mit. Auf dem Tischchen mit der braunen Plastikdecke liegen die Insulin-Spritzen, Alfreds Bronchien-Tropfen, drei Herztabletten, eine zum Pinkeln, was gegen Kopfschmerzen, Nitrospray, zwei Salben gegen das Jucken und zwölf bunte Kapseln. Außerdem hat Alfred immer ein Fünf-Mark-Stück im Portemonnaie, zum Draufdrücken, „falls wieder mal' ne Krampfader explodiert".

„Hör mal Tesch, bestell Deinem Sohn 'n schönen Gruß, ick hab die Schnauze voll", brüllt Alfred auf die andere Straßenseite. Er brüllt sich gewissermaßen schon mal warm für den Tag. Die ersten Bekannten kommen gegen acht. Uwe und Klaus, die beiden Jungs aus der 16, die zur Schule müssen und denen er manchmal Gummibärchen oder zwei Mark für Fußballbilder schenkt. Die Ute aus der Görlitzer 45, die's mit dem Knie hat und ihm jeden Sonnabend die BZ und die schönen großen Schrippen vom Türken für 25 Pfennig mitbringt. Die Gerda, die eigentlich nur die Vertreterin vom Postboten ist, Renate mit der Wirbelsäule und Gerlinde aus der 16, die Kindergärtnerin lernt und ab und zu ein Fläschchen Gemüsesaft durchs Fenster reicht. Und dann kommt der aus der 20 mit den vier Jungs. „Der ist 'ne freche Sau und schlägt auch noch seine Alte." Alfred grüßt freundlich rüber.

Vielleicht wäre er heute freundlich geblieben, hätte nicht in diesem Moment der Hund aus der 17 direkt vor seinem Fenster das Bein gehoben. „Der pißt hier nich mehr hin!", tobt Alfred und haut ihm mit einem Rohrstock hinten drauf. Der Hund winselt, und Alfred sagt noch was von Bolzen, die er sich für seine Gaspistole kaufen wolle, als der Junge aus der 17, der am anderen Ende der Leine steht, sehr ruhig fragt: „Willst du noch lange leben?"

Ein Fenster ist strenggenommen eine Lichtöffnung, die auch zum Lüften dient. Es trennt drinnen von draußen. Ein Fenster ist wie ein Fernseher ohne Strom oder eine Freikarte fürs Theater. Es ist Illusion und Wirklichkeit, ein Platz der Muße, der Freude und des Ärgers. Parterre vor allem des Ärgers.

„Alfred, der Arsch", haben ihm welche an die Wand gemalt, die ihn nicht so mögen. Deshalb liegt unter dem großen Kissen, auf das sich Alfred am Fenster stützt, immer die achtschüssige Gaspistole und ein aufgeklapptes Messer. Neulich waren vier Halbstarke vor seinem Fenster und haben Alfred ein bißchen provoziert. „Wat wollt ihr Penners?" hat Alfred gesagt und unter das Kissen gelangt. „Die sind gerannt wie die Wilden." Bei dem „Bekloppten aus der 14" funktioniert die Sache auch ganz gut. Der klopft immer und fragt: „Alfred, was machst du da?"

„Ick mach dich gleich fertig", hat Alfred letztesmal gesagt. „Wenn du noch mal kloppen tust, jag ick dir 'ne Kugel in'n Schädel." Der aus der 14 ist kreideweiß geworden. Seitdem macht er immer einen großen Bogen. Wie Frau Winterfeld aus der 16, die wechselt auch immer den Bürgersteig.

Gerlinde war ja anfangs auch sehr skeptisch. Als die Erzieherin vor sieben Jahren in der 16 einzog und mit ihrem Freund die Möbel aus dem Auto holte, beobachtete Alfred mit kalten Augen stumm jeden Schritt. Gerlinde hat ihn nicht gegrüßt, weil sie sich ein „bißchen vor ihm ekelte". Bis zu dem Tag, als die Sache mit dem Auto passierte. Ihr Freund hatte beim Ausparken einen Wagen leicht berührt. Da nichts zu sehen war, sind sie weggefahren. Alfred hat alles beobachtet. Irgend jemand aus der Kneipe hat auch zugeschaut und einen Zettel mit der Autonummer an das parkende Auto geklebt, auf dem stand: „Der Arsch ist abgehauen." Alfred, der die Sache etwas anders sah, winkte zwei türkischen Mädchen: „Holt mir ma' den Zettel her." Zu Weihnachten hat Gerlinde dem Alfred dann einen Teller mit Plätzchen gebracht.

Die Geschwindigkeit, mit der die Gegenwart im Verhältnis zur Vergangenheit vergeht, nennt man Zeit. Am Fenster vergeht die Zeit schneller, weil man große Entfernungen zurücklegt und doch in den Grenzen der eigenen kleinen Welt bleibt. Am Fenster guckt man spazieren.

Wenn Alfred mal selber raus will, muß er einen Keil unter die Wohnungstür legen, damit er mit dem Rollstuhl durchkommt. „Da ist man ja schon kaputt, bevor man draußen ist", sagt er und bleibt lieber gleich drin. Dort ist es sowieso am besten. Gerannt und bewegt hat er sich ja das ganze Leben lang. Mit elf mußte er in Vaters Stall schon jeden Morgen um vier die Kühe melken. Später hat er, bis auf die zehn Jahre, wo er Fernfahrer war, immer geschleppt, erst Mörtel und Steine als Hucker auf dem Bau und dann Klaviere und Geldschränke für eine Möbelspedition. „Mit einmal hat ick keene Puste mehr", sagt Alfred. „Det hat mich fertig jemacht."

Mittags gibt's Rühreier mit Knacker. Früher, als Alfred noch dicker war, schnitt er sich danach ein halbes Pfund Marzipan klein und aß ein paar Schälchen von dem einrührbaren Aldi-Pudding mit Caramel-Geschmack. „Gesüßt" stand da zwar drauf, aber Alfred machte immer noch 12 Löffelchen Zucker dazu und dann ganz dick Himbeersirup obendrauf. Diese „Diättante vom Urbankrankenhaus" wollte ihm sagen, was er zu essen hatte. „Det kann ick uff'm Latschen pfeifen", hat Alfred gesagt und ist gegangen. Bis vor einigen Jahren hat er im Monat manchmal 60 Flaschen Wodka

„allegemacht" und jede Menge Bier von den Kumpels nebenbei. „Am Fenster wird man oft verführt", sagt Alfred, der jetzt nicht mehr trinkt.

Alles mögliche kommt bei Alfred durchs Fenster. Weil die Punks, die vorher in seiner Wohnung wohnten, immer durchs Fenster stürmten, ist das Zinkblech heute noch kaputt. Die Kinder schmeißen ihm Sand rein. Im Sommer kommen Eisbecher, im Herbst das Laub und im Winter der Schnee. Und manchmal kommen Einbrecher.

Einmal, abends, im Sommer, als es ganz warm war, und Alfred den Tag im Plüschsessel ausklingen ließ, stand einer hinter ihm und drückte ihm ein langes Messer an die Kehle. Drei Wochen später kam wer vorbei und hielt ihm eine alte Polizeimarke vor. „So 'ne freche Sau, kommt mir auf die Doofe." Alfred hat nicht aufgemacht. „Die versuchen es mit allen Tricks." Vor drei Wochen schlenderten zwei Typen drüben vom Zigarettenladen auf ihn zu. „Kumpel, haste mal 'n Glas Wasser?" haben sie gefragt. „Fragt drüben, Jungs", hat er eiskalt gesagt. Alfred ist ja nicht blöd.

Das Fenster ist das Tor zur Welt. Und die Welt ist die Straße. Wenn man die Straße dazurechnet, ist das kleine Wohnzimmer ziemlich groß. Und zählt man das Leben auf der Straße dazu, ist das eigene schon fast erfüllt. Den ganzen Tag aus dem Fenster schaut nur, wer einsam ist, und damit die anderen es nicht merken, muß er dann böse tun.

Es gibt viele Nachbarn, die kann Alfred gar nicht leiden. „Die Vier-Zentner-Sau, vier Treppen rauf zum Beispiel." die wirft ihren Müll einfach aus dem Fenster, direkt vor Alfreds Küchenfenster. Neulich kam plötzlich diese Vier-Liter-Lenorflasche von oben. Alfreds Kumpel hat es fast erwischt.

Oder das Mädchen aus der 25. Die wäscht immer den Teppich auf dem Hof, „was verboten ist", läuft doch alles in die Kanalisation. „Die kiekt immer rein, sitzt mit 'm Arsch uff de Motorhaube, die alte Kuh, und quatscht." Wenn sie zuviel quatscht, wie jetzt, schraubt Alfred das Radio hoch. Als er ihr 150 Watt durchs Fenster schickt, fliegt das Mädchen fast von der Haube. „Anders krieg ich se nich weg", sagt er.

Die 12jährige von oben macht's ihm auch nicht immer leicht: „Da steht sie da, die vollgefressene Kuh, quatscht wie 'ne Henne und pißt sich die Hosen voll." Und außerdem klingelt sie immer bei ihm, weil sie nicht richtig lesen könne. „Wenn ick die schon sehe", sagt Alfred und fuchtelt mit seiner Krücke. „Wenn de noch mal klingeln tust, schlag ick dir det Ding uff die Pfoten", hat er neulich gedroht. Und dann kam ein „frecher Brief" vom Jugendamt: „Det ick Kinder belästige", sagt Alfred. „Na, so'n Blödsinn!"

Bei „Jeserig" schräg gegenüber, wo es früher Butter und Milch gab, schimmert seit der Wende jetzt rosa Licht im Eingang. „Im Türkenpuff jibt's richtige Granaten", sagt Alfred. „Manchmal kieken die bloß im Schlüpfer raus. Da kriegt man direkt ne Gänsehaut." Er kann es ja auch nicht ändern, daß immer dann bei ihm die türkischen Jungs stehen und laut rüberrufen: „Bumsen, bumsen!" Manchmal guckt der Zuhälter mit den beiden Pitbulls ziemlich böse zurück. „Der denkt bestimmt, ick hetze die Jungs auf." Dabei will Alfred doch bloß seine Ruhe.

„Alle 11 Tage ist Razzia im Puff", sagt Alfred. Wegen der Thailänderinnen. Die dürfen doch immer nur ein Vierteljahr bleiben. Alfred sagt, das mache wenig Sinn, und sein Kontaktbereichsbeamter, der Walter, sage das auch. Vor drei Monaten hörte Alfred noch das Klacken, als der junge Türke seine Pistole entsicherte und reinging. Zwei Minuten später gab's im Puff zwei Tote. Alfred weiß, wer geschossen hat. „Den kenn ick schon jahrelang", sagt er. Der Kripo hat er gesagt: „Und wenn ick ihn kenne, ick kenne ihn nicht." Alfred kennt die Gesetze im Kiez.

„Ick kiek immer jerne, wenn Ärzte kommen", sagt Alfred. Vor einem Jahr gab's Ärger in der Pinte Ecke Wrangelstraße. „Ärger jibt's ja dort öfters", behauptet Alfred, der immer die Polizeiwagen vorfahren sieht. Diesmal aber war's so heftig, daß sogar Alfreds Kumpel, der sonst hart im Nehmen ist, ziemlich schlecht wurde. „Die haben den so sauber aufgeschlitzt, daß gleich die Kartoffeln rauskam'."

Oder voriges Jahr bei Kaisers, 30 Meter von Alfred entfernt. Die Vier sind an Alfreds Fenster vorbei geflüchtet. Vier „Jungsche Deutsche mit Baseballschlägern" hatten was geklaut, und der Laden-Detektiv ist, obwohl ihn die Angestellten doch noch gewarnt hatten „mach's nicht", den Dieben hinterher. „War ja quasi Selbstmord", sagt Alfred: „Dem sein Gehirn ist gleich in'n Gulli jeloofen."

Am Abend hat Alfred ein bißchen schlechte Laune. Die Batterien seines Rollstuhls sind leer, die Jalousie vom Fenster ist kaputt und die Heizung außer Betrieb. Seit mittags sind nur noch 11 Grad. Eineinhalb Zimmer steht im Mietvertrag. Aber Alfred hat nur eins. „Lumpenverwaltung", schimpft er.

Alfred ist jetzt ausgezogen, nach Spandau, in eine behindertengerechte Wohnung. Die beiden Schuljungs sind ein bißchen traurig, weil sie keine Gummibärchen mehr bekommen, und Gerlindes Mann muß beim Ausparken wieder besonders aufpassen. Das Mädchen aus der 25 kann ihren Teppich jetzt waschen, wo sie will, und Frau Winterfeld muß nicht mehr den Bürgersteig wechseln. Gerlinde sagt: „Irgendwie gehörte er doch zur Straße."'

(Berliner Zeitung am Wochenende, 6./7. Januar 1996, zitiert nach: Journalistenpreis der deutschen Zeitungen – Theodor-Wolff-Preis. Die Beiträge der Preisträge aus dem Ausschreibungsjahr 1996, Bonn 1997, 67–72)

Zeitungsreportagen sind Autorentexte, signiert mit dem Namen ihrer Verfasser. In unserem mit dem angesehenen Theodor-Wolff-Preis ausgezeichneten Beispiel verfolgt er über zehn Stunden hinweg den Tageslauf eines Berliner Frührentners, der ab 8.30 Uhr aus einem kleinen Fenster im Parterre seine Straße, die Falckensteinstraße in Berlin-Kreuzberg, beobachtet. Die Artikellänge signalisiert die Bedeutung, die in der Redaktion dieser Textform beigemessen wird. Die Verortung in der Kreuzberger Falckensteinstraße gibt dem Leser die richtige Orientierungshilfe, die lokale Situierung. Weitere Angaben zum Ort des geschilderten Geschehens, die detaillierte Beschreibung der Einzelheiten der Wohnung des Rentners wie der Umgebung seiner Behausung geben den allgemeinen Rahmen, in den das Geschehen eingebettet ist. Die visuelle Perspektive erfaßt zwei Kilometer Straße mit Kneipen, Tabakläden, der Spielothek, dem Bestattungsinstitut, dem Ramschladen der Araber, dem Puff sowie den Menschen, die sie bevölkern, arbeitslose junge Türken, die Jungs vom Fernsehtechniker, die beiden Schuljungs aus Nummer 16, die Ute aus der Görlitzer 45, die Postbotin Gerda, die Kindergärtnerin Gerlinde, die Halbstarken, Frau Winterfeld, die Punks, die Vier-Zentner-Sau aus Alfreds Haus, das Mädchen aus der 25, die 12jährige, die Huren, die Zuhälter mit den Pitbulls. Einzelbeobachtungen wie das Schmieren des billigen Kaiser-Brotes und das Bepacken mit Tomate und Zwiebelpulver, oder das Rauchen von zwei Packungen *Golden American* am Tag, die 200 Pfund, die der Held wiegt, der weiße strähnige Haare hat und eine breite Goldkette mit einem Goldherzchen und eine goldene Uhr am Handgelenk trägt, setzten sich zusammen zu einem aussagekräftigen, die Person charakterisierenden Gesamtbild. Jedes weitere Detail hilft, die Figur des Frührentners plastischer werden zu lassen: Der Mann im Rollstuhl, mit tätowiertem Unterarm und steifer Hüfte, zerstörten Bronchien, den offenen Beinen und der fast geschlossenen Halsschlagader. Der Mann, der alle kennt im Haus und auf der Straße, der für Ordnung sorgt, der immer Bescheid weiß, wenn jemand Probleme hat, und den sie ‚Bürgermeister' nennen. Der Mann, der sich so wunderbar ärgern kann über seine Mitmenschen, der herumbrüllt, tobt, schlägt, droht, der aber auch wegsehen kann, vertuschen. Die Detailbeobachtungen weiten den Beitrag zu einer ungewöhnlichen Betrachtung des Menschlichen, die von allgemeinem Interesse ist.

Beim Fernsehen spielt natürlich die Visualisierung eine entscheidende Rolle. Trotzdem wird die eigentliche Information über den Text geleistet, weil die Bilder mehrere Assoziationen zulassen.

Beispiel 41:

Reporter: Diese Kuh hier versteht zwar kein russisch, ist aber dennoch zufrieden mit der Nahrungsversorgung durch Vladimir. Der 28jährige Russe aus dem Kaukasus ist für sechs Monate Praktikant auf dem Tafelhof in Ehningen. Die Möglichkeit, hier in Deutschland einen Einblick in die Landwirtschaft zu bekommen, verdankt Vladimir einer Zusammenarbeit des Bauernverbandes Baden-Württemberg und des russischen Bauernverbandes. Im Landkreis Böblingen sind zur Zeit fünf Praktikanten zu Besuch. Die Kosten übernimmt der Bauernverband Baden-Württemberg. Die Gastfamilie bietet Kost, Logis und etwas Taschengeld. Neben der Praxis ist auch für mehrere Wochen theoretischer Unterricht vorgesehen.
Vladimir Artemenko hat zuhause im Kaukasus einen eigenen Bauernhof mit 15 Kühen, 50 Schweinen und ein paar Hühnern. Hier in Ehningen soll er lernen, wie und mit welcher Technik hier gearbeitet wird.

Praktikant (wird von einer Übersetzerin im On übersetzt): „Man kann hier sehr gut die Technologie der Bodenbearbeitung erkennen und lernen. Es ist viel besser ausgeprägt, es gibt viel größere Technologien."

Reporter: Wilhelm Tafel hat schon seit mehreren Jahren russische Sommerpraktikanten. Beim ersten mal hatte er noch einige Bedenken. Doch inzwischen ist der Praktikant eine feste Einrichtung auf dem Tafelhof.

Landwirt: „Ja, zum einen war es ausgeschrieben im landwirtschaftlichen Wochenblatt und wir bewarben uns und zum zweiten tut eine Hilfe gut, natürlich im Sommer. Es gibt viele Arbeitsspitzen und der Versuch war's wert. Beim ersten Mal war es natürlich ein beklemmendes Gefühl, wenn man nicht weiß, wer kommt und wie's funktioniert. Aber's war durchweg positiv und die Hilfe war sehr groß von den russischen Kollegen, sage ich. Also ich seh's nicht als Praktikant oder billige Arbeitskraft, sondern als echte Hilfe."

Reporter: Vladimir hat hier den normalen Arbeitstag eines Landwirts. Der Tafelhof hat 28 Milchkühe und 70 Stück Vieh, da gibt's einiges zu tun.
Zur Zeit sind auch noch 400 Hähnchen zu versorgen, die – obwohl erst einen Tag alt – schon großen Appetit verspüren. Vladimir legt Hand an in allen Bereichen. Trotzdem wird er nicht als billige Arbeitskraft ausgenutzt – auch Wilhelm Tafel kann von ihm lernen.

Landwirt: „Ja, das kann man schon sagen. Zum Beispiel bei der Reparatur von Maschinen sind die jungen Russen sehr improvisierfreudig, hohes technisches Verständnis und können uns auch was beibringen."

Reporter: Seitdem Russen auf dem Hof sind, hat sich das Verhältnis der Familie Tafel zu Rußland verändert. Ein Land, das zuvor weit weg war, ist ihnen durch die Praktikanten näher gekommen.

Landwirtin: „Wir haben mit den Praktikanten sehr positive Erfahrungen gemacht. Wir haben sie nicht nur als Arbeitskräfte betrachtet sondern in erster Linie als Freunde und das kam uns auch entgegen, und beim zweiten Praktikanten hatte ich die Gelegenheit, zu Besuch zu gehen. Ich war also, das war vor zwei Jahren, dreizehn Tage lang in Tula zu Gast bei der Familie und ich war also total begeistert."

Reporter: Zur Zeit ist ein früherer Praktikant mit seiner Familie aus Rußland zu Besuch. Aus Praktikatenaustausch ist ein Kulturaustausch geworden.
Sergej gibt Vladimir Tips zum Leben auf einem deutschen Hof und Vladimir, der zuhause selbst verheiratet ist, bekommt ein Stück Heimat auf Besuch. Sprachliche Schwierigkeiten gibt es nicht, man versteht sich mit Händen und Füßen, besonders die Kinder. Zum Schluß noch eine Frage an Vladimir. Was fällt dem Russen hier in Ehningen besonders auf?

Praktikant (wird von Übersetzerin im On übersetzt): „Die Ordnung"
(RTV Regional TV Böblingen, Magazin 29. August 1995)

Der Reporter steht in einem Kuhstall vor einer Kuh. Er spricht diese kurz an, kommt dann aber sofort auf sein Thema, den nun im Bild eingeblendeten Vladimir Artemenko, der Heu in die Futtergrube der Kühe schaufelt. Der russische Praktikant wird vorgestellt, indem zugleich mitgeteilt wird, wer ihm den Aufenthalt ermöglicht. Dann zeigt die Kamera Artemenko neben einer Übersetzerin auf einem Strohballen sitzend, wo er ein kurzes Statement abgibt. Der Reporter führt vom Praktikanten hin zum Bauern, der längere Ausführungen machen darf, unterbrochen von Hintergrundinformationen des Reporters. Schließlich kommt auch die Bäuerin zu Wort, die einen neuen Aspekt einbringt, nämlich den Kulturaustausch. Die Kamera zeigt dann einen früheren russischen Praktikanten mit seiner Familie, der gerade zu Besuch ist und damit den Austausch bekräftigt. Hierzu gibt der Reporter begleitende Information. Zuletzt darf Artemenko noch das Stichwort bringen, das für ihn die Deutschen charakterisiert. In knapp vier Minuten hat der Zuschauer einen Einblick gewonnen in ein Stück Exotik in seiner Umgebung, von der er sonst nichts erfahren würde.

Eine Sonderform bildet die Sportreportage, besonders die Fußballreportage, die bei den Zuschauern in höchster Gunst steht.

Beispiel 42:

Bundesliga-Begegnung VFB Stuttgart gegen die Stuttgarter Kickers am Samstag, 20. August 1988
Es herrschte eine tolle Stimmung im Neckarstadion und alle machten sie mit. 68000 Schwaben, ob's die Roten waren vom VFB oder ob's die Blauen waren von den Kickers. Es war übrigens zu einem Zeitpunkt, als schon drei Tore gefallen waren. Nur zwei blieben sitzen: Ministerpräsident Späth und links neben ihm der Kultusminister Mayer-Vorfelder.
Vor Spielbeginn hatte Mayer-Vorfelder (MV) in seiner Eigenschaft als VFB-Vereinspräsident gemeinsam mit ‚Kickers' Chef-Redakteur Holzschuh die ‚Goldene Kanone' verliehen. Sie wird alljährlich an den Torschützenkönig vergeben, Jürgen Klinsmann war's ja in der letzten Saison. Das Spiel in der Anfangsphase einseitig – der VFB klebte förmlich am Strafraum der Kickers, die kaum Zeit zum Durchatmen hatten. Schon nach drei Minuten hätte der VFB in Führung gehen können – Gaudino vergaß den Ball zu drücken. Wie souverän die VFB-Spieler vor dem Strafraum ihr Spielchen spielten, wird in dieser Einstellung deutlich. Sigurvinsson, Klinsmann und Allgöwer. Dann die 18. Minute, eine umstrittene Szene. Achten Sie auf den finnischen Nationaltorwart der Kickers, auf Laukkanen – und auf den Zweikampf mit Zietsch.
Es gab nämlich Elfmeter: zum Entsetzen von Laukkanen, zum Entsetzen von Trainer Krafft, zum Entsetzen der Kickers-Spieler. Und obendrein gab's gelb für Laukkanen. Die Spieler aufgebracht, wie die Kücken einer Entenmutter verfolgen sie im Gleichschritt Deutschlands Schiedsrichter Nummer 1.
Frank Elser, der Kapitän, hält seine Mitspieler zurück. Sie sollen bloß nichts Unüberlegtes tun, aber schon bald wird der Kapitän selbst weggedrängt, der Trainer hatte nämlich gleiches im Sinn.
Aber nun zu der Situation, der Betroffene gibt Auskunft: (Zietsch) Also für mich war des'n klarer Elfmeter, weil ich spring hoch, mit zusammen mit dem Torwart. Er faustet zwar den Ball weg, doch in dem Moment, wo er den Ball wegfaustet, gibt er mir mit der anderen Faust 'n Schlag an den Kopf, und also es war sogar 'ne Tätlichkeit und von daher kann man die Akt(ion) äh bestimmt also kann man bestimmt Elfmeter pfeifen.
Dahlmann: Herr Pauly, es gab eine umstrittene Situation, die zum Elfmeter führte. Wie haben Sie diese Situation gesehen?
Pauly: Ja für mich war sie nicht umstritten, weil ich also sofort auf den Strafstoß entschieden habe. Der äh Torwart von Stuttgarter Kickers hatte den Ball abgewehrt außerhalb des Fünfmeterraumes und hat nachdem der Ball weg war seinen Gegenspieler noch mit der Faust umgestoßen und da gab's also für mich keine andere Entscheidung als Strafstoß und gelbe Karte für ihn.
Rep.: Dieter Pauly hatte gut beobachtet. Ich hatte wie zehntausende andere die Situation schlichtweg übersehen. Tatsächlich trifft Laukkanen Zietsch am Kopf, nachdem der Ball weg war. Noch einmal eine größere Aufnahme, durch die der Schlag noch deutlicher wird. Hier!
Tätlichkeiten werden üblicherweise mit Rot bestraft, wie kommt's, daß Pauly nur Gelb zog?

P.: Ich meine, man äh spricht ja gerade äh von Fingerspitzengefühl und Ermessensspielraum, ich meine, ich hätte dann den Ermessensspielraum sicherlich im Interesse des äh der des des der Fortführung des Spiels äh entsprechend angewendet.
D.: War es eine orangefarbene Karte?
P.: Vielleicht. (Schmunzeln)
Rep.: Elfmeter Karl Allgöwer – 1:0 für den VFB nach 19 Minuten. Kleine Anmerkung am Rande: Fritz Walter war schon fast zwei Meter im Strafraum, ehe Allgöwer den Ball berührte.
Auch der Elfmeter noch einmal – es war Allgöwers elfter Strafstoß für den VFB in der Bundesliga, der zehnte, den er verwandelte. Die Mannschaft von Arie Haan blieb auch weiterhin am Drücker, nur knapp hoppelte Hartmanns Schuß am Tor vorbei. Sie sehen, auch die Verteidiger des VFB stürmten munter mit. Zuletzt hatten die Kickers prima gespielt, offensiv ohne Schnörkel, munter drauf los. Heute schien ihnen Blei in den Beinen zu stecken. Die erste gefährliche Szene nach dreißig Minuten, Wolfgang Wolff. Manfred Krafft, er schüttelte den Kopf. Ein kurzer Blick zur Seite, er hatte es besser, Arie Haan. Freistoß. Schießen wird Allgöwer, den die Boulevard-Zeitung so gerne Knallgöwer nennt – und Laukkanen.
Auf der Tribüne Kickers Präsident Dünnwald-Metzler (DM), der nach dem Streit um die Einnahmen zu seinem Kollegen Mayer-Vorfelder auf Distanz ging. Der VFB-Präsident hingegen in politischer Obhut, Bürgermeister Rommel und Landesvater Späth neben ihm.
Kurz vor der Pause. Schäfer läßt Schön aussteigen und Achtung! 2:0 für den VFB. Laukkanen hatte sich den Ball, in der Hintertoreinstellung wird's deutlich, selbst ins Tor geboxt.
Die zweite Halbzeit ist schnell erzählt. 47. Minute Sigurvinsson, Fritz Walter, ein Supertor, 3:0. Dieses volle Risiko von Walter zeigt deutlich die Selbstsicherheit, die die Roten in einem einseitigen Spiel an den Tag legten. Und nach einer Serie von Chancen bereitete Sigurvinsson das 4:0 per Außenrist vor. Fritz Walter köpfte den Ball vorbei an Kari Laukkanen ins Tor. Vielleicht sieht die Abschlußrechnung des Finnen so aus: Hätte ich den Elfmeter nicht provoziert, hätte ich den Ball nicht ins Tor geboxt, wir hätten immer noch mit 0:2 verloren.
(ZDF, Aktuelles Sportstudio. Reporter Jörg Dahlmann, 20. August 1988)

Beispiel 43:

Bundesliga-Begegnung VFB Stuttgart gegen die Stuttgarter Kickers am Samstag, 20. August 1988.
In dieser Sekunde erfolgt der Anpfiff von Schiedsrichter Dieter Pauly. Sie erkennen die Stuttgarter Kickers in den blauen Trikots und den dunklen Hosen – also von links nach rechts. Der VFB in traditioneller weißer Spielkleidung mit dem roten Brustring. Kopfballvorlage für Jürgen Klinsmann und Guido Buchwald aus dem Hinterhalt. Kein Problem für Kari Laukkanen. Rainer Zietsch und äh Günter Schäfer hier im Zusammenspiel an der rechten Außenlinie. Günter Schäfer, ein junger Mann, 26 Jahre alt, Neuling im Kader von Franz Beckenbauer, ein beinharter Verteidiger, aber auch mit Drang zum Tor, und auf seine Flanken wartet natürlich in der Mitte Jürgen Klinsmann. Und wenn immer sich die Möglichkeit bieten wird, auch Strecko Katanec, ein enorm kopfballstarker Mann. Hier ist er am Ball. Karl Allgöwer, 35 Meter Entfernung, legt

sich das Leder zurecht und hauchdünn streicht das Leder über den Querbalken des von Kari Laukkanen gehüteten Tors. Und da war der finnische Nationalkeeper nicht mehr mit den Händen am Ball und damit gibt es Abstoß vom Tor von den Kickers. Sigurvinsson verlagert das Geschehen jetzt auf die rechte Angriffseite. Langer, langer Ball und ein guter Kopfball von Fritz Walter. 16 Tore hat er in der vergangenen Saison geschossen und jetzt noch einmal die Gelegenheit für den VFB. Unsicherheiten jetzt in der Kickers-Abwehr, und Bernd Schindler rettet das Leder noch einmal zur Ecke. Manni Krafft ist da nicht ganz zufrieden mit der Abwehrleistung seiner Kickers, die in den ersten 15 Minuten noch eine Reihe von Angriffen des VFB sich gegenüber sieht. Jetzt die Ecke – Sigurvinsson. Da sind die langen Kerls mit aufgerückt, Rainer Zietsch und Guido Buchwald, aber zunächst einmal geklärt. Günter Schäfer.
Ja die Kickers, sie machen es schwer. Manni Krafft hat die Devise ausgegeben, nicht allzu früh in Rückstand zu geraten, dem entsprechend defensiv eingestellt ist seine Mannschaft. Laukkanen, (O-Ton: Pfiff) der finnische Nationaltorwart, und was ist das? Eine Entscheidung von Schiedsrichter Dieter Pauly, die für meine Begriffe nicht ganz eindeutig ist. Gelbe Karte gegen Kari Laukkanen, und wenn ich das richtig gesehen habe, dann gibt es hier nach rund 18 Minuten Spielzeit sogar Strafstoß. Strafstoß für den VFB Stuttgart.
Und meine Damen und Herren diese Situation habe ich nicht ganz eindeutig sehen können, ausmachen können, warum hier Dieter Pauly auf den ominösen Punkt zeigt. Manni Krafft muß dazwischen gehen. Nochmal in der Zeitlupe: Laukkanen boxt den Ball für mich ganz klar, eindeutig weg, aber offenbar hat doch Dieter Pauly eine Attacke gegen den Stürmer gesehen. Tja, Dieter Pauly, er ist der Mann, der heute hier das Sagen hat und er entscheidet auf Elfmeter in der 18. Spielminute, und das ist eine Sache normalerweise für Karl Allgöwer. Und er legt sich das Leder auch jetzt zurecht. Unter dem heftigen Protest der vielen mitgereisten blauen Fans läuft Karl Allgöwer an. Ahhh, das 1:0, meine Damen und Herren. Kari Laukkanen war mit den Fingern fast noch am Ball. Riesenjubel natürlich bei den VFB-Anhängern, den Roten. 18 Minuten gespielt und der VFB führt durch dieses Elfmetertor von Karl Allgöwer mit 1:0. Wolfgang Wolf, der bundesligaerfahrenste Mann bei den Kickers. 2148 Einsätze hatte er vor der neuen Saison zu verbuchen, die meisten davon für den 1. FC Kaiserslautern. Ansonsten hat Manni Krafft eine relativ junge Mannschaft hier beisammen, in der nur einige Spieler über Bundesligaerfahrung verfügen. Arie Hjelm, der finnische Nationalspieler, Hans Hein und Wolfgang Wolf hat sich da hier mit nach vorne geschlichen und zum ersten Mal wirklich Gefahr jetzt auch für das Tor von Eike Immel. Ja so kann es gehen. Schöne lange Flankenwechsel, dann eine Kopfballverlängerung und Direktabnahme von Wolfgang Wolf (usw.).
(RTL Plus, Anpfiff. Reporter Benno Neumüller, 20. August 1988)

Da zwischen dem Schlußpfiff des Spieles und dem Beginn des *Aktuellen Sportstudios* im ZDF eine erhebliche Zeitspanne verstrichen ist, muß die Redaktion davon ausgehen, daß das Spielergebnis den Zuschauern bereits bekannt ist. Der Reporter ist deshalb gezwungen, sich einen besonderen Aspekt des Spieles herauszugreifen, um einen relevanten und interessanten Beitrag herzustellen. Kernthema wird hier die auf den ersten Blick für die Zuschauer unverständliche Elfmeter-Entscheidung des Schiedsrichters, nicht etwa die Tatsache, daß es sich um ein Lokalderby handelt, oder die, daß hier ein Meisterschaftsanwärter auf einen Aufsteiger trifft.

Bevor er aber auf den Höhepunkt zusteuert, vermittelt der Reporter Atmosphäre „Es herrschte eine tolle Stimmung im Neckarstadion und alle machten sie mit". Dann stellt er prominente Gäste vor: „Nur zwei blieben sitzen: Ministerpräsident Späth und links neben ihm der Kultusminister Mayer-Vorfelder". Dann noch ein Blick auf die Ehrung des Torschützenkönigs Jürgen Klinsmann, sowie eine zusammenfassende Analyse der ersten Spielminuten: „Das Spiel in der Anfangsphase einseitig. Schon nach drei Minuten hätte der VFB in Führung gehen müssen". Die nachträgliche Aufarbeitung des Spiels im Bericht schlägt sich in der Sprache, vor allem im Tempus nieder. Die Begleitbilder verwendet der Reporter als Belege: „Wie souverän die VFB-Spieler vor dem Strafraum ihr Spielchen spielten, wird in dieser Einstellung deutlich". Dazu gibt es die Namen der an der Aktionen beteiligten Spieler: „Sigurvinsson, Klinsmann und Allgöwer".

Dann beginnt die Berichterstattung über das Kernthema. Sie wird explizit eingeleitet: „Dann in der 18. Minute, eine umstrittene Szene ..." Doch sogleich wird die Spannung weggenommen: „Es gab nämlich Elfmeter". Der Reporter analysiert, versucht zu klären, will aber zugleich reportieren, weshalb er vom Perfekt ins Präsens verfällt, aber schnell zu diesem wieder zurückkehrt. Da es ihm aber vor allem um eine Beweisführung geht, operiert er mit Zeitlupe und blendet Interviews der Beteiligten ein. Die gezeigten Bilder unterstreichen deren Aussagen. Nachdem der Reporter bereits bei der Schilderung des Höhepunkts in einen humoristischen Ton verfallen ist („Die Spieler aufgebracht, wie die Kücken einer Entenmutter verfolgen sie im Gleichschritt Deutschlands Schiedsrichter Nummer 1"), bleibt er Folgenden dabei, streut Detailinformationen ein und pflegt Personality. Das Ganze wird mit ein paar Toraktionen und einem Treffer für den VFB garniert. Die zweite Halbzeit wird im Eilschritt abgehandelt. Insgesamt bemüht sich der Beitrag, Hintergründe aufzuzeigen, Unklarheiten zu beseitigen und eine möglichst bunte Geschichte zu bieten. Anders als bei der Live-Übertragung geht es um die Chronistenpflicht, um Wahrheit, Aufklärung der Zuschauer, um Beweisführung, alles gesehen aus zeitlicher Distanz und der Möglichkeit, den Beitrag zu gestalten.

Beim RTL-Beitrag liefert der Reporter eine Live-Kommentierung zu Bildern, die der Bildregisseur ausgewählt hat. Er orientiert sich dabei an Erfahrungen aus der Live-Übertragung kompletter Fußballspiele. Deshalb beginnt sein Bericht mit dem Anpfiff durch den Schiedsrichter. Dann werden die Kontrahenten vorgestellt, um den Zuschauern die Orientierung zu ermöglichen. Sein konventioneller Einleitungstext ist vergleichbar dem Lead, denn er gibt Antwort auf die wichtigsten w-Fragen. Bei der Schilderung des Spielgeschehens erweist sich der Reporter als Fachmann, indem er Spieler beim Namen nennt, ihre Aktionen mit und ohne Ball charakterisiert. Er bewertet und klassifiziert, indem er Aktionen interpretiert und in gelungen bzw. mißlungen einteilt. Er analysiert in der

Halbzeit und am Spielende insgesamt und zwischendurch. Der Reporter belegt mit Hilfe des gezeigten Bildes seine Aussagen, er informiert, indem er Zahlen, Daten und Fakten an die Zuschauer weitergibt. Er kommentiert, indem er seine eigene Meinung zum Spiel und den am Spiel Beteiligten nachhaltig vertritt. Er vermittelt Spannung, versucht sich im Dialog mit seinen Adressaten. In seiner Textgestaltung ist der Reporter etwas ungelenk, fast primitiv. Er verwendet einfachste Umgangssprache, angereichert mit Fachausdrücken, ist damit für den Zuschauer leicht verständlich. Sein Text lenkt nicht allzusehr ab vom Betrachten der Bilder.

Im Vergleich der beiden Reportagen zeigt sich, daß die redaktionellen bzw. Studio-spezifischen Konzepte bestimmend sind für die Machart. In einem Fall bleibt Zeit für einen gestalteten Beitrag. Im anderen hat die Aktualität und die Bildauswahl den Vorrang. Sprachlich sind beide Konzeptionen ausgerichtet auf eine Standardisierung, denn deskriptive und analysierende Sprechhandlungen werden bevorzugt. Zum Ausgleich für Spannung dienen plauderhafte und humoristische Elemente. Unterhaltung ist neben der Spannung bestimmend.

4.14. Story

Eine zuerst von dem amerikanischen Nachrichten-Magazin *Times* genutzte Form der Berichterstattung ist die ‚news story', die *Der Spiegel* und später der *Focus* übernahmen, aber veränderten. Sie personalisiert das Geschehen und präsentiert es in erzählerisch gehaltenen Texten. Das Ereignis wird interpretiert und kommentiert, allerdings nur indirekt durch die Tendenz der Darstellung und eine einerseits faktenorientierte, zum anderen unterhaltsame, ironisch und witzig wirkende Sprache (Krüger 1995).

Beispiel 44:

SEX
Lust ohne Luft
Manche abseitigen Sexpraktiken sind kompliziert, mitunter auch tödlich. Starb so der Popsänger Michael Hutchence?
    Aufgefunden wurde der Gast von Zimmer 524 in einer, wie es die Direktion des Ritz Carlton in Sidney diskret formulierte, „etwas ungewöhnlichen Situation". Den Hals in einem zur Schlinge geschürzten Ledergürtel, hing er nackt am Türriegel, das Gesäß knapp über dem Boden.
    Der Tote beanspruchte letzte Woche die Aufmerksamkeit zweier Berufsgruppen, die – vom gemeinsamen Hang zum Alkohol abgesehen – gegensätzlicher nicht sein könnten: hie die lärmtriebigen Pressemenschen, die mitunter zur Übertreibung neigen; dort die sezierenden Pathologen, deren Wirkungsfeld die stille Einsamkeit der Leichenkeller ist.

Vor allem die Journaille des anglophonen Sprachraums sah sich veranlaßt, ihre Berichterstattung über den mysteriösen Erstickungstod des Rockstars Michael Hutchence auf das zu konzentrieren, was der Brite als „kinky sex" bezeichnet – im vorliegenden Fall nicht ganz von ungefähr.

„Als wir es zum erstenmal miteinander taten, hat er Dinge mit mir gemacht, von denen ich annehme, daß sie illegal sind", hatte Hutchences Verlobte unlängst bekannt und des weiteren enigmatisch verlautbart: „Er hat das Tadsch Mahal der Genitalien."

Der Tod des vergangenen Donnerstag zu Grabe getragenen Sängers der Popgruppe INXS (ein Akronym für „in Exzess") entzündete nicht nur die journalistische Phantasie, sondern auch eine lebhafte Diskussion um eine vielfach vertuschte Art des Ablebens, dessen Kasuistik Gerichtsmediziner und aufgeschlossene Laien seit jeher fasziniert.

Denn nirgendwo sind die Begleitumstände des Exitus derart grotesk, kaum irgendwo die fetischistischen Ko-Praktiken so bizarr wie beim AAD. So nennen die Forensiker, deren Humor so schräg und scharf ist wie der Schliff an ihren Schädelsägen, den autoerotischen Unfall mit tödlichem Ausgang („Accidental Autoerotic Death").

Mit unverhohlenem Vergnügen und Freude am Detail informieren sie einander in ihren Fachblättern über „exzentrische Leichen" – wie etwa die des US-Farmers, der seine Beine an ein Ochsenjoch und dieses wiederum an die Hebehydraulik seines Treckers der Marke John Deere (Modell 145) gekettet hatte. Sodann liftete er sich, nur mit Stöckelschuhen und roten Nylons bekleidet, per eigenkonstruierter Fernsteuerung in die Höhe, wo er onanierte. Der in Kopflage hängende Mann erstickte, weil seine Fernbedienung versagte.

Solch autoerotische Aktivitäten (AA) fallen in den Bereich der Paraphilie, der Liebe zum Abseitigen; sie fächert sich in vier Verübungsformen, von denen drei dem Ziel dienen, den orgiastischen Lustgewinn durch eine (sexuell stimulierend wirkende) Unterversorgung des Gehirns mit Sauerstoff zu intensivieren – eine masturbationsbegleitende Maßnahme, die schon die alten Kelten kannten und Eskimos noch heute rituell praktizieren.

Den Überorgasmus durch Atembehinderung („Asphyxie") sucht der Triebperverse per

– Strangulation: die häufigste AA-Praktik, die von der einfachen Schlinge bis zu komplexen Drossel-Konstruktionen reicht; so etwa die Hängung in Schaukelstellung oder die Selbstfixierung auf einem Schwebebrett, dessen Schräglage der Praktikant per Flaschenzug steuert und auf diese Weise den Zug der Halsschlinge dosiert;

– Re-Inhalation: Anwendern dieser Technik, bei welcher der Asphyxiker seine Atemluft in eine entsprechend präparierte Gasmaske oder einen Plastiksack rückatmet, eignet der Hang zu Gummikleidung und Bündelschnürung – ausgefallene Fesselungsszenarien sind dabei oft im Spiel, aber auch Sahnespenderflaschen, deren Druckkartuschen das euphorisierende Distickstoffoxid (Lachgas) enthalten;

– Thorax-Kompression: Die erwünschte Atemreduktion wird hierbei auf mechanischem Wege durch die Verringerung des Lungenhubs erreicht, etwa durch den Druck einer hydraulischen Presse auf den Brustkorb oder durch Anlegen eines Druckanzugs, wie ihn Jet-Piloten tragen. In beiden notorisch gewordenen Fällen überlebten die Ausübenden allerdings nicht – Probleme mit der Feinregulierung des Drucks.

Die meisten Praktikanten solch atmungsrelevanter AA-Varianten sind männlichen Geschlechts. Unter ihnen finden sich, wie der berühmte Gerichtsmediziner und Lehrbuch-Autor Otto Prokop konstatiert, „überwiegend Intellektuelle mit differenzierten Berufen, Akademiker, Beamte, Geistliche". Das ist naheliegend, denn nur Phantasiebegabte können so komplizierte Vorrichtungen ersinnen wie die, an der man einen Pastor fand: Mittels eines ins Rektum eingeführten Druckfühlers kontrollierte er durch Kontraktion seiner Beckenmuskulatur einen Kompressor, der eine Druckmanschette um seinen Hals mit Luft füllte.

Auch bei den auf die AA-Variante Nummer vier spezialisierten „Elektrokutionisten", die „durch elektrische Reizung der Genitalien, direkt oder vom Mastdarm aus, Ejakulation und Orgasmus erreichen" (Prokop), ist die Mortalität nicht unerheblich – und im übrigen die Abgrenzung zum Selbstmord für „den unerfahrenen Kriminalbeamten schwer" (Prokop).

Bei Michael Hutchence, so verlautbarte die Polizei, sei der Exitus nicht infolge sexuell devianter Aktivitäten, sondern durch Freitod eingetreten – eine Feststellung, die Experten wie der US-Pathologe Simon Barnes bezweifeln: „Ein Suizident zieht sich in aller Regel nicht splitternackend aus, bevor er sich aufhängt."
(DER SPIEGEL 49, 1. Dezember 1997, 240)

In der Story weist die Dachzeile auf den Themenbereich ‚Sex'. Der Titel ist offen. Sein Sinn ergibt sich aus dem folgenden Lead bzw. dem Artikel. Das Lead faßt knapp zusammen, nennt das Thema, den Problembereich und den Akteur. Die Frage, ob der Popsänger Michael Hutchence an einer abseitigen Sexpraxis starb, reizt zum Lesen. Als szenischen Einstieg wählen die Verfasser die Schilderung des in einer „etwas ungewöhnlichen Situation" aufgefundenen toten Popstars. Der personalisierte Aufhänger dient aber nur dazu, ausführlich auf verschiedene Formen autoerotischer Aktivitäten einzugehen, die forensische Pathologen immer wieder als Todesursache zu konstatieren haben. Allein durch das In-Beziehung-Setzen des aktuellen Vorfalls mit der anhand von Beispielen illustrierten Beschreibung letaler sexueller Aktivitäten wird beim Leser der Eindruck erzeugt, daß es sich auch bei Hutchence um einen solchen Fall handeln müsse.

Typisch für die SPIEGEL-Story ist, daß zur Abrundung der Tod des Popsängers nochmals ins Blickfeld gerückt wird. Dabei lassen die Verfasser nicht der Polizei, die den Exitus „nicht infolge sexuell devianter Aktivitäten, sondern durch Freitod" eingetreten sehen will, das letzte Wort, sondern zitierten einen amerikanischen Pathologen, der die polizeiliche Verlautbarung in Zweifel zieht und einen autoerotischen Hintergrund des Todes vermutet.

Der Artikel nimmt von seinem Beginn an einen ironischen Tonfall an, wenn davon die Rede ist, daß der Tote „die Aufmerksamkeit zweier Berufsgruppen" beansprucht habe, die ansonsten lediglich der Hang zum Alkohol verbinde: die Journalisten einerseits, und die „sezierenden Pathologen, deren Wirkungsfeld die stille Einsamkeit der Leichenkeller ist". Was folgt, kann als Feuerwerk von Ironie und Sarkasmus bezeichnet werden, das sich vom amerikanischen Vorbild unterscheidet. Der übermäßige Gebrauch von Fachbegriffen will Wissenschaftlichkeit bei der Behandlung des Themas suggerieren, ist aber so übertrieben, daß man ihn nur ironisch interpretieren kann. Semantische Verfremdungen wie die

Bezeichnung ‚Praktikanten' dienen der Entfaltung sarkastischer Wirkung. Auch die Tatsache, daß die Story in die Blatt-Rubrik ‚Wissenschaft und Technik' eingerückt wird, kann bereits als *SPIEGEL*-Masche gedeutet werden. Die detailverliebte Schilderung des oder eines US-Farmers, der ein Ochsenjoch und einen Traktor der „Marke John Deere (Modell 145)" als sexuelle Stimulanzmittel nutzte, weist auf die unernste Behandlung der anrüchigen Thematik hin. Ein seriöser Wissenschaftsartikel hätte auf die übergenauen technischen Angaben verzichtet, da sie völlig irrelevant sind. Solcherart Genauigkeit selbst in einer für die Thematik gänzlich unbedeutenden Frage karikiert den Stil wissenschaftlichen Schreibens aufs trefflichste. Als vorherrschende sprachlich-stilistische Charakteristika des Textes können damit Ironie, Häme, Spott, frecher Sprachwitz und Tempo angegeben werden.

Der tote Popstar wird im *SPIEGEL*-Artikel zur lächerlichen Figur, zum nicht ernstzunehmenden Potenzbolzen, dem sein „Tadsch Mahal der Genitalien" allem Anschein nach zum Verhängnis wurde. Sonst interessiert der Tote nicht wirklich. Er muß – im wahrsten Sinne des Wortes – als ‚Aufhänger' dienen für einen Beitrag, der vielleicht schon längst in der Schublade eines der Redakteure lag. Der Artikel ist eine satirische Abhandlung mit pseudowissenschaftlichem Anstrich, ein typischer *SPIEGEL*-Text, der mit seiner Spottlust und seinem zynischen Umgang die charakteristische *SPIEGEL*-Leserschaft bedient, ein gebildetes, der Ironie zugängliches und eher spektisch-pessimistisches Publikum, das es nicht unmoralisch findet, die menschliche Existenz bzw. Nichtexistenz zuweilen ridikül zu finden, anders als das amerikanische Vorbild, das stärker auf Information aus ist.

Ganz anders der *FOCUS*, der sich am gleichen Tag mit dem gleichen Anlaß beschäftigt.

Beispiel 45:

INXS
Mann an der Klippe
Der mutmaßliche Freitod des Rocksängers Michael Hutchence ist dubios und tragisch

Er war der Mann, der die Frauen liebte und ohne sie nicht leben konnte: Michael Hutchence, der australische Rockstar mit der wilden Geste zwischen dandyhafter Aufschneiderei und rauhem Liebreiz, wählte in einem tragischen Moment der Verlassenheit einen entsetzlichen, bitteren Tod. Als der INXS-Sänger am 22. November am Telefon erfuhr, daß seine Freundin Paula Yates, die er im Januar heiraten wollte, vorerst nicht mit ihm in Australien leben könne, zerbrach eine fragile Seele: Kurze Zeit später strangulierte er sich in einem Hotel in Sydney mit einem Gürtel.

In der Nacht vor dem mutmaßlichen Suizid hatte Michael Hutchence noch ausgelassen mit viel Alkohol gefeiert – zusammen mit seiner Ex-Freundin Kym Wilson, einer TV-Aktrice, und deren neuem Freund. Der Tod hatte sich noch nicht angekündigt. Jetzt sollte das Leben herrlich werden: Der Frontmann, der mit lasziven Rockhymnen wie

„Need You Tonight" zum Sexsymbol der 80er Jahre wurde, wollte sich endlich mit seiner Freundin und dem gemeinsamen Töchterchen Heavenly Hiraani Tiger Lily (16 Monate alt) in seiner Heimat niederlassen.
Das Leben in London war für das schillernde Duo zur Hölle geworden; es fühlte sich von der englischen Boulevardpresse seit drei Jahren gequält – Paula wurde zum Inbegriff der Häßlichkeit erklärt, zur schlechten Mutter, zur hysterischen Geliebten. Der angeblich exzessive Lebensstil wurde dem Paar zum Vorwurf gemacht. Hinter vielen Attacken der Klatschpresse soll sich der Ex-Mann von Paula Yates verborgen haben, der in Großbritannien beinahe heiliggesprochene Benefiz-Musiker Bob Geldof – so die nicht bestätigte Vermutung von Insidern. Vor Gericht habe er hart und verbissen um jede Kleinigkeit bei den Auseinandersetzungen um Scheidung und das gemeinsame Sorgerecht für die drei Töchter Fifi, Peaches und Pixie gekämpft. Hutchence hatte Geldof immer wieder „den Satan" genannt, die Ex-Frau bezichtigte ihn der Gewalttätigkeit.
Undurchsichtig bleibt ein Vorfall im Sommer 1996: Die Polizei hatte in Yates' Londoner Wohnung Opium gefunden, nachdem das Kindermädchen einen Hinweis gegeben hatte. Paula, die damals nicht im Land weilte, beteuert, jemand habe die Drogen in ihr Haus geschmuggelt.
Paula Yates war Michael Hutchences große Liebe: Als er die blonde Pop-Muse traf, eine zierliche Person, extravagant im Auftritt, kindlich im Herzen, erkannte er seinen Engel auf Erden. Eine enge Freundin über die beiden: „Sie waren so sehr verliebt. Michael konnte wahnsinnig depressiv sein, Paula hat ihn gestützt, brachte ihn immer wieder zum Lachen." Als Hutchence das dänische Supermodel Helena Christensen für Paula verließ, jaulte die Presse sarkastisch: „Was will er von der dreifachen Mutter?" Auf einer bisher unveröffentlichten Solo-LP schrieb der Musiker eine Hymne auf den Charme seiner Geliebten, Titel: „She flirts for England."
Gefunden wurde der Tote nackt, mit schweren Verletzungen im Gesicht, aufgerissenen Lippen, eine Hand war gebrochen – entsetzliche Indizien für einen grausamen Todeskampf. Vermutlich war er zugedröhnt von der Glücksdroge Prozac und Alkohol. Einen bizarren Sex-Unfall schließt die Staatsanwaltschaft kategorisch aus, ermittelt aber mittlerweile wegen Mordverdachts.
Ein britisches Gericht hatte – auf Geldofs Veranlassung hin – Yates untersagt, mit ihren Töchtern nach Australien zu reisen. Ein letztes Urteil stand noch aus. Die gemeinsame Zukunft in Sydney war jedoch gefährdet. Bevor Paula ihren Freund anrief, sagte sie: „Wie soll ich ihm das erklären? Es wird ihn umbringen." Als sie von seinem Tod erfuhr, vermutete sie, so eine Freundin, erst eine Überdosis Drogen: Sie kannte diesen Mann – einer, der immer an der Klippe gelebt hat, ohne Sinn für Gefahr.
Katja Nele Bode
(FOCUS 49, 1. Dezember 1997, 278–280)

Der *FOCUS* rückt den Tod des Popsängers in die Rubrik ‚Entertainment'. Er verweist in der Dachzeile auf die Pop- bzw. hier Rockgruppe *INXS*, nach dem *SPIEGEL* ein „Akronym für ‚in exzess'", deren Vormann Hutchence war. Der Titel ist wie beim *SPIEGEL* offen. Er wird erst in der letzten Artikel-Zeile aufgelöst: „Sie kannte diesen Mann – einer, der immer an der Klippe gelebt hat, ohne Sinn für Gefahr". Das Lead wird zur Unterzeile, nennt den Akteur, die Thematik und den Problembereich.

Im Artikel wird davon ausgegangen, daß Hutchence sich infolge einer tiefen Depression das Leben nahm. Diese Version wird plausibel gemacht, indem die prekären familiären Umstände des Sängers breit dargelegt und als Grund für einen Selbstmord angeführt werden. Auch die psychische Labilität Hutchences wird ins Feld geführt als ein weiterer Umstand, der die vertretene Suizid-These stützen soll. Ein Sex-Unfall wird überhaupt nicht in Betracht gezogen. Alle Einzelheiten dienen dazu, diese glaubhaft erscheinen zu lassen.

Im Gegensatz zum *SPIEGEL* herrscht bei *FOCUS* eine durchgehende und ungebrochene Ernsthaftigkeit vor. Doch diese Ernsthaftigkeit wird trivial gestaltet. Ein Klischee wird an das andere gereiht. Sprache und Stil sind schablonenhaft und stereotyp. Hutchence wird charakterisiert als „Mann, der die Frauen liebte und ohne sie nicht leben konnte", der „provokativ, ständig unter Strom" gewesen sei, wohinter sich „ein sehr sensibles Gemüt" verborgen habe, der in der „blonden Pop-Muse" Paula Yates „seinen Engel auf Erden" gefunden habe und dessen „fragile Seele" letztlich zerbrechen mußte, nicht zuletzt, weil „das Leben in London ... für das schillernde Duo zur Hölle geworden" war. Keine Formulierung ist der Redakteurin zu verbraucht, als daß sie darauf verzichtet hätte.

Der Artikel stilisiert Hutchence zum Sexsymbol, Frauenheld und leidenschaftlichen Exzentriker, als Inkarnation eines Rockstars wie als Opfer der Justiz, der Klatschpresse und seines Widersachers Geldof. Der Artikel soll dem Leser eher der Unterhaltung als dem sarkastisch orientierten Vergnügen dienen. Während der *SPIEGEL* verunglimpft, damit die Intelligenz wie den Pessimismus der Leser anreizt, versucht der *FOCUS* bei seinen Lesern Verständnis, Betroffenheit, Mitleid, also vor allem Emotionen zu wecken, rückt damit in die Nähe der Boulevard- wie der Regenbogen-Presse.

Im *FOCUS* wird der Text noch ergänzt durch zahlreiche Bilder und einen Kasten mit den biographischen Daten des Sängers. Angezielt wird ein modernistisch orientiertes Cluster-Modell, das den herkömmlichen und beim *SPIEGEL* noch üblichen Langtext ablöst und ‚dreikanalig' den schnellen Leser anzusprechen versucht.

5. Literaturverzeichnis

Auer, Alfred: Die Reportage – ihre politische und soziale Funktion. Salzburg 1982.
Auer-Krafka, Tamara: Die Entwicklungsgeschichte des westdeutschen Rundfunkfeatures von den Anfängen bis zur Gegenwart. Wien 1980.
Bakenhus, Norbert: Praxis-Handbuch Lokalradio. Konstanz 1995.
Becker, Holger: Die Wirtschaft in der deutschsprachigen Presse. Sprachliche Untersuchungen zur Wirtschafsberichterstattung in der *Frankfurter Allgemeinen Zeitung*, der *Neuen Zürcher Zeitung*, der *Presse* und im *Neuen Deutschland*. Frankfurt a.M. 1995.
Blum, Joachim; Bucher, Hans-Jürgen: Die Zeitung: Ein Multimedium. Textdesign – ein Gestaltungskonzept für Text, Bild und Grafik. Konstanz 1998
Böheim, Gabriele: Zur Sprache der Musikkritiken. Ausdrucksmöglichkeiten der Bewertung und/oder Beschreibung. Innsbruck 1987
Bonfadelli, Heinz: Einführung in die Medienwirkungsforschung. Basiskonzepte und theoretische Perspektiven. Zürich 1998.
Bruck, Peter A.; Stocker, Günther: Die ganz normale Vielfältigkeit des Lesens. Zur Rezeption von Boulevardzeitungen, Münster 1996.
Brünjes, Stephan; Wenger, Ulrich: Radio-Report, Programme – Profile – Perspektiven. München 1998.
Bruns, Thomas; Marcinowski, Frank: Politische Information im Fernsehen. Eine Längsschnittstudie zur Veränderung der Politikvermittlung in Nachrichten und politischen Informationssendungen. Opladen 1997.
Bucher, Hans-Jürgen; Straßner, Erich: Mediensprache – Medienkommunikation – Medienkritik. Tübingen 1991.
Burger, Harald: Sprache der Massenmedien. Berlin ²1990.
– Das Gespräch in den Massenmedien. Berlin-New York 1990.
Camen, Rainer: Die Glosse in der deutschen Tagespresse. Zur Analyse ‚journalistigen' Raissonements. Bochum 1984.
Döpfner, Mathias O.C.: Musikkritik in Deutschland nach 1945. Inhaltliche und formale Tendenzen. Eine kritische Analyse. Frankfurt a.M.-Bern 1991.
Dorenbeck, Nils: Zweifelhafte Wegweiser. Pragmatische Charakteristika und kommunikative Strategie der SPIEGEL-Story. Sprache und Literatur 80, 1997, 83–95.
Dulisch, Ralf: Schreiben in Werbung, PR und Journalismus. Zum Berufsbild des Texters für Massenmedien. Opladen-Wiesbaden 1998.
Eggers, Hans: Deutsche Sprachgeschichte IV: Das Neuhochdeutsche. Reinbek b. Hamburg 1977.
Eggert, Hartmut; Graf, Werner (Hg.): Lesen im Medienalltag. Berlin 1989.
Eichhorn, Dieter R.; Jaquart, Sabine: Warum das Wissen über die Wahrnehmung des Menschen so wichtig für die Produktion und Präsentation von Medien ist ..., 2 Teile. Tiefenbrunn 1990.

Fey, Ulrich; Schlüter, Hans-Joachim: Reportagen schreiben. Bonn 1999.
Fingerhut, Monika: Fußballberichterstattung in Ost und West. Eine diachronische Sprachanalyse. Frankfurt a. M.-Bern 1991.
Fley, Matthias: Talkshows im deutschen Fernsehen. Konzeptionen und Funktionen einer Sendeform. Bochum 1997.
Franzmann, Bodo u. a. (Hg.): Auf den Schultern von Gutenberg. Medienökologische Perspektiven der Fernsehgesellschaft. Berlin-München 1995.
Franzmann, Bodo; Hasemann, Klaus; Löffler, Dietrich; Schön, Erich (Hg.): Handbuch Lesen. München 1999.
Fritz, Angela; Suess, Alexandra: Lesen – die Bedeutung der Kulturtechnik. Lesen für den gesellschaftlichen Kommunikationsprozeß. Konstanz 1986.
Gerhardt, Rudolf: Lesebuch für Schreiber. Vom journalistischen Umgang mit der Sprache. Ein Ratgeber in Beispielen. Frankfurt a. M. ²1994.
Graebe, Helmut: Information und Gestaltung. Untersuchung zur Wirkung visueller Gestaltungstechnik von Fernsehnachrichten. Opladen 1988
Gross, Sabine: Lese-Zeichen. Kognition, Medium und Materialität im Leseprozeß. Darmstadt 1994.
Gruber, Helmut: Streitgespräche. Zur Pragmatik einer Diskursform. Opladen 1996.
Grünewald, Heidi: Argumentation und Manipulation in Spiegelgesprächen. Frankfurt a. M.-New York 1985.
Haas, Gerhard: Essay. Stuttgart 1969.
Haaß, Christoph: Radionachrichten – öffentlich-rechtlich versus privat. Ein Vergleich zwischen Hessischem Rundfunk und Radio FFH. München 1994.
Haller, Michael: Die Reportage. Ein Handbuch für Journalisten. München ²1990
– Das Interview. Ein Handbuch für Journalisten. München 1991
Hallwirth, Uta: Auf der Suche nach einer neuen Identität? Zum nationalen Selbstverständnis in der westdeutschen Presse 1945–1955. Frankfurt a. M.-Bern 1987.
Hartmann, Thomas: Transfer-Effekte. Der Einfluß von Fotos auf die Wirksamkeit nachfolgender Texte. Eine experimentelle Untersuchung zur kumulativen Wirkung von Pressefotos und Pressetexten. Frankfurt a. M. 1995.
Haß-Zumkehr, Ulrike: „Wie glaubwürdige Nachrichten versichert haben". Formulierungstraditionen in Zeitungsnachrichten des 17. bis 20. Jahrhunderts. Tübingen 1998.
Häusermann, Jürg: Radio. Tübingen 1998
– Journalistisches Texten. Sprachliche Grundlagen für professionelles Informieren. Aarau 1993.
– ; Käppeli, Heiner: Rhetorik für Radio und Fernsehen. Regeln und Beispiele für mediengerechtes Schreiben, Sprechen, Informieren, Kommentieren, Interviewen, Moderieren, Reportieren. Aarau-Frankfurt 1986.
Heijnk, Stefan: Textoptimierung für Printmedien. Theorie und Praxis journalistischer Textproduktion. Opladen 1997.
Hess, Eva-Maria: Die Leser. Konzepte und Methoden der Printforschung. Offenbach 1995.
Hess-Lüttich, Ernest W. B.; Holly, Werner; Püschel, Ulrich (Hg.): Textstrukturen im Medienwandel. Frankfurt a. M.-Bern 1996.
Höbermann, Frauke: Der Gerichtsbericht in der Lokalzeitung: Theorie und Alltag. Baden-Baden 1989.
Hoffmann, Rolf-Rüdiger: Politische Fernsehinterviews. Eine empirische Analyse sprachlichen Handelns. Tübingen 1982

Holly, Werner; Kühn, Peter; Püschel, Ulrich (Hg.): Redeshows. Fernsehdiskussionen in der Diskussion. Tübingen 1989.
Politische Fernsehdiskussionen. Zur medienspezifischen Inszenierung von Propaganda als Diskussion. Tübingen 1986.
Honauer, Urs (Hg.): Sport & Wort. Sportberichterstattung – zwischen Strohfeuerjournalismus und kritischer Reportage. Zürich 1990.
Hruska, Verena: Die Zeitungsnachricht. Information hat Vorrang. Bonn ²1995.
Jäger, Margret; Cleve, Gabriele; Ruth, Ina u. a.: Von deutschen Einzeltätern und ausländischen Banden. Medien und Straftaten. Mit Vorschlägen zur Vermeidung diskriminierender Berichterstattung. Duisburg 1998.
Kamps, Klaus; Meckel, Miriam (Hg.): Fernsehnachrichten. Prozesse, Strukturen, Funktionen. Wiesbaden 1998.
Kebeck, Günther: Wahrnehmung. Theorien, Methoden und Forschungsergebnisse der Wahrnehmungspsychologie. Weinheim 1994.
Kettemann, Bernhard; Stegu, Martin; Stöckl, Hartmut (Hg.): Mediendiskurse. Verbal-Workshop Graz 1996. Frankfurt a. M.-Berlin 1998.
Kindel, Andreas: Erinnern von Radio-Nachrichten. Eine empirische Studie über die Selektionsleistungen der Hörer von Radio Nachrichten. München 1998.
Klingler, Walter; Roters, Gunnar; Gerhards, Maria (Hg.): Medienrezeption seit 1945. Forschungsbilanz und Forschungsperspektiven. Baden-Baden 1998.
Kribus, Felix: Das deutsche Hörfunk-Feature. Geschichte, Inhalt und Sprache einer radiogenen Ausdrucksform. Stuttgart 1995.
Krüger, Christiane: Journalistische Berichterstattung im Trend der Zeit. Stilstrategie und Textdesign des Nachrichtenmagazins FOCUS. Münster 1995.
Krüger, Horst: Der Radio Essay. Versuch einer Bestimmung. Neue Deutsche Hefte 11, 1964, H. 101, 97–110.
Kurz, Harald: Die Wiedervereinigung im Spiegel der „Tagesthemen". Kommentare von 1988 bis 1992. Eine sprachwissenschaftliche Analyse. Frankfurt a. M. 1996.
Lehmann, Günter: Grundlagen der Kommunikation. Die Moderation. Frankfurt a. M.-Berlin 1988.
Liehr-Molwitz, Claudia: Über den Zusammenhang von Design und Sprachinformation. Sprachlich und nicht-sprachlich realisierte Wissens- und Bewertungsprozesse in Überschriften und Fotos auf den Titelseiten zweier Tageszeitungen. Frankfurt a. M. 1997.
Linke, Angelika: Gespräche im Fernsehen. Eine diskursanalytische Untersuchung. Bern 1985.
Lucas, Joachim: Strategische Kommunikation am Beispiel politischer Fernsehdiskussionen. Eine sprachwissenschaftliche Untersuchung. Heidelberg 1992.
Meienberg, Nikolaus; Haller, Michael: Die glatte Schreibe. Magazinjournalismus 1985. Normierte Sprache oder solides Handwerk. Bern 1986.
Meier, Klaus (Hg.): Internet-Journalismus. Ein Leitfaden für ein neues Medium. Konstanz 1998.
Mühlen, Ulrike: Talk als Show. Eine linguistische Untersuchung der Gesprächsführung in den Talkshows des deutschen Fernsehens. Frankfurt a. M.-Bern 1985.
Müller, Marlise: Die Schweizer Pressereportage. Eine linguistische Textsortenanalyse. Aarau-Frankfurt a. M. 1989.
Narr, Andreas: Verständlichkeit im Magazinjournalismus. Probleme einer rezipientengerechten Berichterstattung im Hörfunk. Frankfurt a. M.-Bern 1988.

Neugebauer, Eva: Mitspielen beim Zuschauen. Analyse zeitgleicher Sportberichterstattung im Fernsehen. Frankfurt a. M.-Bern 1986.

Nowag, Werner; Schalkowski, Edmund: Kommentar und Glosse. Konstanz 1998.

Pawlowski, Klaus (Hg.): Sprechen, Hören, Sehen. Rundfunk und Fernsehen in Wissenschaft und Praxis. München-Basel 1993.

Piirainen, Ilpo T.; Skog-Södersved, Mariann: Untersuchungen zur Sprache der Leitartikel in der Frankfurter Allgemeinen Zeitung. Vaasa 1982.

Pürer, H. (Hg.): Praktischer Journalismus in Zeitung, Radio und Fernsehen. Salzburg 1984.

Quentin, Regina: Sprache im Bild. Fußballreportagen in Sportsendungen des deutschen Fernsehens. Marburg 1989.

Rada, Holger: Von der Druckerpresse zum Web-Server. Zeitungen und Magazine im Internet. Berlin 1999.

Rager, Günther; Haase, Helga; Weber, Bernd (Hg.): Zeile für Zeile – Qualität in der Zeitung. Münster-Hamburg 1994.

Reus, Gunter: Ressort: Feuilleton. Kulturjournalismus für Massenmedien. München 1995.

Roloff, Eckart K.: Journalistische Textgattungen. München 1982

– (Hg.): Journalisten-Werkstatt. Schreibprozesse – 10 Beispiele aus der Praxis. Aarau 1990

Rühl, Manfred: Journalismus und Gesellschaft. Bestandsaufnahme und Theorieentwurf. Mainz 1980.

Ruge, Peter: Produktionspraxis für Fernsehjournalisten. Ein Handbuch für Zuschauer, Kritiker und Publizisten. Freiburg-München 1975.

Runkehl, Jens; Schlobinski, Peter; Siever, Torsten: Sprache und Kommunikation im Internet. Überblick und Analysen. Opladen-Wiesbaden 1998.

Ruppmann, Kornelia: Gespaltene Aufmerksamkeit. Rezeptive Präferenzen bei der Wahrnehmung von Bild-Schrift-Kombinationen im Fernsehen. Eine empirische Studie. Münster 1995.

Schäfer, Jürgen: Sprachliche Strukturen in Texten der Sportberichterstattung. Diss. Bochum 1989.

Schlickau, Stephan: Moderation im Rundfunk. Diskursanalytische Untersuchungen zu kommunikativen Strategien deutscher und britischer Moderatoren. Frankfurt a.M. 1996

Schneider, Wolf; Esslinger, Detlef: Die Überschrift. Sachzwänge, Fallstricke, Versuchungen, Rezepte. München-Leipzig 1993.

– ; Raue, Paul-Josef: Handbuch des Journalismus. Reinbek b. Hamburg 1996.

Schoenke, Eva (Hg.): Wirtschaftskommentare. Textlinguistische Analysen – kontrastive Untersuchungen. Bremen 1996.

Schult, Gerhard; Buchholz, Axel (Hg.): Fernsehjournalismus. Ein Handbuch für Ausbildung und Praxis. München [4]1993.

Siegel, Christian: Die Reportage. Stuttgart 1978.

Skog-Södersved, Mariann: Wortschatz und Syntax des außenpolitischen Leitartikels. Quantitative Analysen der Tageszeitungen „Neues Deutschland", „Neue Zürcher Zeitung", „Die Presse" und „Süddeutsche Zeitung". Frankfurt a.M. 1993.

Stegert, Gernot: Feuilleton für alle. Strategien im Kulturjournalismus der Presse. Tübingen 1998.

– Filme rezensieren in Presse, Radio und Fernsehen. München 1993

Steinbrecher, Michael; Weiske, Martin: Die Talkshow. 20 Jahre zwischen Klatsch und News. Tips und Hintergründe. Konstanz 1992

Straßner, Erich: Fernsehnachrichten. Eine Produktions-, Produkt- und Rezeptionsanalyse. Tübingen 1982.
- Zeitschrift. Tübingen 1997.
- Zeitung. Tübingen ²1999.
- (Hg.): Nachrichten. Entwicklungen – Analysen – Erfahrungen. München 1975.
Strohner, Hans: Textverstehen. Kognitive und kommunikative Grundlagen der Sprachverarbeitung. Opladen 1990.
Tauber, Marianne: Leserangepaßte Verständlichkeit. Der Einfluß von Lesbarkeit und Gliederung am Beispiel von Zeitungsartikeln. Bern-Frankfurt a. M. 1984.
Thomas, Jobst: Denn sie leben ja voneinander. Analyse von Sport-Interviews im Zweiten Deutschen Fernsehen und im Fernsehen der DDR. Frankfurt a. M.-Bern 1988.
Troesser, Michael: Moderieren im Hörfunk. Handlungsanalytische Untersuchung zur Moderation von Hörfunksendungen des Westdeutschen Rundfunks mit Publikumsbeteiligung. Tübingen 1986.
Ueding, Gerd: Rhetorik des Schreibens. Eine Einführung. Königstein 1985.
Urban, Dieter: Text im Kommunikationsdesign. Zur Gestaltung von Texten für die visuell-verbale, audioverbale und audiovisuell-verbale Kommunikation. München 1980.
Viehoff, Reinhold: Literaturkritik im Rundfunk. Eine empirische Untersuchung von Sendereihen des Westdeutschen Rundfunks/Köln 1971–1973. Tübingen 1981.
Wachtel, Stefan: Schreiben fürs Hören. Trainingstexte, Regeln und Methoden. Konstanz 1997.
- Sprechen und Moderieren in Hörfunk und Fernsehen. Konstanz ³1998.
Watzin, Klaus: Politiker im SPIEGEL-Gespräch. Ein Beitrag zur Entwicklung der politischen Sprache in der Bundesrepublik Deutschland. Frankfurt a. M. 1999.
Weinrich, Lotte: Verbale und nonverbale Strategien in Fernsehgesprächen. Eine explorative Studie. Tübingen 1992.
Weischenberg, Siegfried: Nachrichtenschreiben. Journalistische Praxis zum Studium und Selbststudium. Opladen 1988.
- ; Herrig, Peter: Handbuch des Bildschirmjournalismus. Elektronische Redaktionssysteme. Grundlagen – Funktionsweisen – Konsequenzen. München 1985
Weiß, Ralph; Hasebrink, Uwe: Hörertypen und ihr Medienalltag. Berlin 1995.
Weissenberger, Klaus (Hg.): Prosakunst ohne Erzählen. Die Gattungen der nichtfiktionalen Kunstprosa. Tübingen 1985.
Wengerzink, Monika: Klatsch als Kommunikationsphänomen in Literatur und Presse. Ein Vergleich von Fontanes Gesellschaftsromanen und der deutschen Unterhaltungspresse. Frankfurt a.M. u. a. 1997.
Wiedebusch, Jutta: Selbstverständnis und Rezipientenbilder von Hörfunkjournalisten. Frankfurt a. M.-Bern 1989.
Wilking, Thomas: Strukturen lokaler Nachrichten. Eine empirische Untersuchung von Text- und Bildberichterstattung. München-New York 1990.
Wittwen, Andreas: Infotainment. Fernsehnachrichten zwischen Information und Unterhaltung. Bern-Frankfurt a. M. 1995.
Zehrt, Wolfgang: Hörfunk-Nachrichten. Konstanz 1996.
Zindel, Udo; Rein, Wolfgang (Hg.): Das Radio-Feature. Ein Werkstattbuch. Konstanz 1997.
Zhong, Lianmin: Bewerten in literarischen Rezensionen. Linguistische Untersuchungen zu Bewertungshandlungstypen, Buchframe, Bewertungsmaßstäben und bewertenden Textstrukturen. Frankfurt a. M.-Bern 1995.

www.ingramcontent.com/pod-product-compliance
Lightning Source LLC
Chambersburg PA
CBHW060816100426
42813CB00004B/1091